手把手教您学修车丛书

纯电动汽车结构与原理

（彩色图解）

李玉茂　编著

机械工业出版社

《纯电动汽车结构与原理（彩色图解）》是一本简明扼要的汽车维修入门图书，可达到学得快、看得懂、用得着的效果。全书共 10 章，主要内容包括：纯电动汽车基础、纯电动汽车特点、高压电安全防护、动力电池系统、充电系统、驱动电机系统、整车控制系统、辅助系统、大众 ID.4 纯电动汽车、三电技术参数。每章结尾有自测题，书后附有自测题答案，便于读者自学并巩固学习成果。

本书既可作为纯电动汽车维修人员的参考书，也可作为职业院校汽车维修类专业学生的教学用书。

图书在版编目（CIP）数据

纯电动汽车结构与原理：彩色图解 / 李玉茂编著.
—北京：机械工业出版社，2023.6（2024.4重印）
（手把手教您学修车丛书）
ISBN 978-7-111-72795-8

Ⅰ.①纯⋯　Ⅱ.①李⋯　Ⅲ.①电动汽车－结构
Ⅳ.①U469.72

中国国家版本馆CIP数据核字（2023）第047736号

机械工业出版社（北京市百万庄大街22号　邮政编码100037）
策划编辑：谢　元　　　　　责任编辑：谢　元　侯力文
责任校对：郑　婕　梁　静　　封面设计：张　静
责任印制：单爱军
北京虎彩文化传播有限公司印刷
2024年4月第1版第2次印刷
184mm×260mm・12印张・273千字
标准书号：ISBN 978-7-111-72795-8
定价：59.90元

电话服务　　　　　　　　网络服务
客服电话：010-88361066　　机　工　官　网：www.cmpbook.com
　　　　　010-88379833　　机　工　官　博：weibo.com/cmp1952
　　　　　010-68326294　　金　书　网：www.golden-book.com
封底无防伪标均为盗版　　　机工教育服务网：www.cmpedu.com

前　言

汽车产业是国民经济的重要支柱产业，汽车后市场为消费者提供买车后所需要的一切服务。据中国汽车工业协会数据，2023 年我国汽车总销量为 3009.4 万辆，新能源汽车销量为 949.5 万辆，占比为 31.6%；纯电动汽车销量为 668.5 万辆，占比为 22.21%。由于新能源汽车的高速发展，其后市场必将非常广阔，所以掌握纯电动汽车的结构与原理对于培养新能源汽车后市场的从业人员有着非常重要的意义。

《纯电动汽车结构与原理（彩色图解）》是一本简明扼要的汽车维修入门图书，可达到学得快、看得懂、用得着的效果。本书介绍了纯电动汽车基础、纯电动汽车特点、高压电安全防护、动力电池系统、充电系统、驱动电机系统、整车控制系统、辅助系统、大众 ID.4 纯电动汽车和三电技术参数。每章结尾有自测题，书后附有自测题答案，便于读者自学并巩固学习成果。

本人自 1970 年踏入汽车修理厂，修理的第一辆汽车是美式吉普（1949 年 3 月 25 日北平西苑机场阅兵仪式检阅车同款车），工作岗位从学徒工到高级工程师，亲眼见证祖国汽车产业的巨大变化，至今不忘初心，不敢懈怠，依然热衷于学习汽车技术、讲授汽车知识、编写汽车图书。

由于本人水平有限，书中疏漏和不妥之处在所难免，敬请广大读者批评指正。

李玉茂

目　录

前言

第 1 章　纯电动汽车基础

1.1　新能源汽车的定义　/ 001
    1.1.1　旧定义　/ 001
    1.1.2　新定义　/ 001
    1.1.3　电动汽车　/ 001

1.2　混合动力汽车类型　/ 002
    1.2.1　混合动力汽车　/ 002
    1.2.2　插电式混合动力汽车　/ 003
    1.2.3　增程式混合动力汽车　/ 004

1.3　纯电动汽车　/ 004

1.4　氢燃料电池汽车　/ 005

1.5　我国新能源造车现状　/ 006
    1.5.1　传统车企全面发力　/ 006
    1.5.2　造车新势力热度不减　/ 007
    1.5.3　芯片是战略之争　/ 007

1.6　新能源汽车发展趋势　/ 007
    1.6.1　市场表现将乘风破浪　/ 007
    1.6.2　智能化成为新阶段竞争核心　/ 008
    1.6.3　融合创新成为造车新特征　/ 008
    1.6.4　国家发展规划　/ 008

自测题　/ 008

第 2 章　纯电动汽车特点

2.1　纯电动汽车的四种电压　/ 010
    2.1.1　12V 直流电压　/ 010
    2.1.2　220V 交流电压　/ 010

2.1.3 高压直流电压 / 011
2.1.4 三相交流电压 / 011

2.2 高压电 IT 网络 / 012
2.3 高压电绝缘措施 / 013
2.4 高压电系统 / 013
2.4.1 主要组成 / 013
2.4.2 大三电 / 014
2.4.3 小五电 / 015
2.4.4 高压电缆 / 016
2.4.5 慢充口、快充口 / 017
2.4.6 维修开关 / 018

2.5 低压电系统 / 018
2.5.1 12V 蓄电池 / 018
2.5.2 控制单元 / 019
2.5.3 CAN 总线系统 / 019
2.5.4 高低压互锁回路 / 019

自测题 / 020

第 3 章
高压电安全防护

3.1 准备知识 / 022
3.1.1 高压电定义 / 022
3.1.2 强电与弱电 / 023
3.1.3 电动汽车上的高压电 / 023
3.1.4 特种作业操作证 / 023
3.1.5 电动汽车维修人员资质与职责 / 023

3.2 电流对人体的危害 / 025
3.2.1 电流对人体危害种类 / 025
3.2.2 流过人体的电流与人体反应 / 025
3.2.3 电流大小对人体的危害 / 025
3.2.4 电流大小对人体随时间的危害 / 026
3.2.5 人体电阻 / 027
3.2.6 电流路径的危害 / 027
3.2.7 交流电对人体的危害 / 027
3.2.8 安全电压 / 028
3.2.9 工频电触电类型 / 028

3.2.10 电弧对人体的危害 / 029
3.2.11 电击事故急救 / 030

3.3 电动汽车高压电安全防护 / 030
3.3.1 电压等级 / 030
3.3.2 电击预防措施 / 031
3.3.3 电动汽车高压安全设计 / 031
3.3.4 动力电池断电流程 / 032

3.4 防护用品及测量仪表 / 034
3.4.1 高压电安全防护用品 / 034
3.4.2 数字万用表 / 036
3.4.3 绝缘测试仪 / 037
3.4.4 钳形电流表 / 039
3.4.5 放电工装 / 041
3.4.6 绝缘工具 / 041

自测题 / 042

第 4 章 动力电池系统

4.1 锂离子电池 / 043
4.1.1 组成与分类 / 043
4.1.2 形状与包装 / 044
4.1.3 工作原理 / 045
4.1.4 锂离子电池不能过充/放 / 045

4.2 动力电池 / 046
4.2.1 定义 / 046
4.2.2 动力电池术语 / 046
4.2.3 动力电池警告等级 / 047

4.3 动力电池系统 / 047
4.3.1 电池箱外壳 / 047
4.3.2 电池包 / 048
4.3.3 电池管理系统 / 049
4.3.4 辅助元器件 / 051

4.4 BMS 控制原理 / 054
4.4.1 BMS 功能 / 054
4.4.2 充电方式 / 054

4.4.3　充电前加热　/ 055
4.4.4　预充电　/ 055
4.4.5　充电　/ 056
4.4.6　上电　/ 056
4.4.7　绝缘监测　/ 058

4.5　动力电池均衡技术　/ 058
4.5.1　单体电量不一致性　/ 058
4.5.2　主动均衡　/ 059
4.5.3　被动均衡　/ 061

自测题　/ 063

第 5 章 充电系统

5.1　概述　/ 065
5.1.1　快充系统　/ 065
5.1.2　慢充系统　/ 065
5.1.3　回馈能量系统　/ 066
5.1.4　充电系统术语　/ 066

5.2　高压盒　/ 067
5.2.1　高压盒作用　/ 067
5.2.2　高压盒组成　/ 067
5.2.3　高压盒接线图　/ 068
5.2.4　高压盒插座定义　/ 069
5.2.5　线束插头定义　/ 070

5.3　快充系统　/ 072
5.3.1　快充系统作用　/ 072
5.3.2　快充系统组成　/ 073
5.3.3　快充 CAN 总线系统　/ 074
5.3.4　快充系统电路图　/ 074
5.3.5　快充系统工作原理　/ 075
5.3.6　快充电应具备条件　/ 077

5.4　车载充电机　/ 077
5.4.1　车载充电机作用　/ 077
5.4.2　充电机指示灯　/ 078
5.4.3　充电机插座定义　/ 078

5.5 慢充系统 / 079

    5.5.1 慢充系统作用 / 079
    5.5.2 慢充系统组成 / 079
    5.5.3 新能源 CAN 总线系统 / 081
    5.5.4 慢充系统电路图 / 081
    5.5.5 慢充系统工作原理 / 082
    5.5.6 慢充电应满足条件 / 084

5.6 DC/DC 变换器 / 085

    5.6.1 DC/DC 作用 / 085
    5.6.2 DC/DC 插座定义 / 085
    5.6.3 DC/DC 电路图 / 086
    5.6.4 DC/DC 工作流程 / 086

自测题 / 087

第 6 章 驱动电机系统

6.1 概述 / 088

    6.1.1 对驱动电机的要求 / 088
    6.1.2 驱动系统类型 / 088
    6.1.3 驱动电机类型 / 089
    6.1.4 驱动电机工作条件 / 090

6.2 驱动电机系统 / 090

    6.2.1 驱动电机系统组成 / 090
    6.2.2 驱动电机结构 / 091
    6.2.3 温度传感器 / 092
    6.2.4 旋转变压器 / 092

6.3 电机控制器 / 093

    6.3.1 电机控制器功能 / 093
    6.3.2 电机控制器组成 / 093
    6.3.3 各元器件的作用 / 094
    6.3.4 IGBT / 095
    6.3.5 IGBT 逆变工作原理 / 096
    6.3.6 二极管整流器工作原理 / 098
    6.3.7 驱动电机工作模式 / 099

6.4　北汽 EV200 驱动电机系统　/ 099

  6.4.1　驱动电机系统框图　/ 099

  6.4.2　驱动电机插座定义　/ 100

  6.4.3　驱动电机系统电路图　/ 102

  6.4.4　减速器总成　/ 103

自测题　/ 104

第 7 章　整车控制系统

7.1　概述　/ 106

  7.1.1　整车控制系统　/ 106

  7.1.2　整车控制单元　/ 107

  7.1.3　CAN 总线系统　/ 108

7.2　VCU 的功能　/ 109

7.3　VCU 与各设备的连接　/ 114

7.4　低压、高压上电原理　/ 118

  7.4.1　电动汽车上电特点　/ 118

  7.4.2　低压上电原理　/ 118

  7.4.3　高压上电原理　/ 121

7.5　故障诊断　/ 122

  7.5.1　指示灯 / 警告灯　/ 122

  7.5.2　诊断座端子定义　/ 123

  7.5.3　故障诊断仪　/ 124

自测题　/ 124

第 8 章　辅助系统

8.1　制冷系统　/ 126

  8.1.1　制冷系统组成　/ 126

  8.1.2　电动压缩机　/ 127

  8.1.3　涡旋式压缩机　/ 128

  8.1.4　制冷剂　/ 129

  8.1.5　电动压缩机端子定义　/ 130

8.2　加热器　/ 131

  8.2.1　PTC 空气加热器　/ 131

8.2.2　WTC 水加热器　/ 134
8.2.3　热泵式空调系统　/ 135
8.2.4　远红外制热系统　/ 137

8.3　冷却系统　/ 137

8.3.1　冷却系统的冷却液路径　/ 137
8.3.2　冷却系统的组成　/ 138
8.3.3　冷却系统的控制策略　/ 139
8.3.4　动力电池的冷却　/ 139

8.4　制动助力系统　/ 141

8.4.1　电动真空泵　/ 141
8.4.2　电动制动助力器　/ 143

自测题　/ 144

第 9 章　大众 ID.4 纯电动汽车

9.1　概述　/ 145

9.1.1　ID.4 纯电动汽车介绍　/ 145
9.1.2　高压电部件安装位置　/ 146
9.1.3　高压电缆　/ 146

9.2　动力电池 AX2　/ 147

9.2.1　模组　/ 147
9.2.2　62kW·h 电池包　/ 148
9.2.3　82kW·h 电池包　/ 149
9.2.4　技术参数　/ 149
9.2.5　电池箱插座　/ 150
9.2.6　正极、负极开关单元　/ 150
9.2.7　BMS 控制单元 J840　/ 152
9.2.8　分控盒 J1208、J1209、J1210　/ 153

9.3　车载充电机 AX4　/ 153

9.4　DC/DC 变换器 A19　/ 154

9.5　驱动电机 VX54　/ 155

9.5.1　电动机 V141　/ 155
9.5.2　温度传感器 G712　/ 155
9.5.3　转子位置传感器 G713　/ 156

9.6 电机控制器 JX1 / 156

    9.6.1 JX1 的功用 / 156
    9.6.2 JX1 的组成 / 157
    9.6.3 控制单元 J841 / 158

9.7 CAN 网络拓扑 / 158

    9.7.1 网络拓扑 / 158
    9.7.2 网络传输速率 / 158
    9.7.3 LIN 总线 / 159

9.8 电动压缩机 VX81 / 159

9.9 热泵空调 / 160

    9.9.1 优点和组成 / 160
    9.9.2 8 个电控阀 / 161
    9.9.3 冬季热泵模式 / 162
    9.9.4 电池制冷模式 / 162

9.10 空调 PTC 元件 ZX17 / 163

9.11 电池 PTC 加热器 Z132 / 164

9.12 热管理系统 / 164

    9.12.1 功能 / 164
    9.12.2 电池散热器 / 165
    9.12.3 不带热泵的热管理架构 / 165
    9.12.4 带热泵的热管理架构 / 167

自测题 / 170

第 10 章 三电技术参数

10.1 微型车 / 172

10.2 小型车 / 173

10.3 紧凑型车 / 174

10.4 中型车 / 175

10.5 中大型车、全尺寸车 / 176

自测题 / 177

自测题答案 / 179

参考文献 / 180

第1章 纯电动汽车基础

1.1 新能源汽车的定义

1.1.1 旧定义

早期，国家对新能源汽车的定义是采用非常规车用燃料（汽油、柴油）作为动力源的汽车，或使用常规燃料而采用新型车载动力装置的汽车。新能源汽车可分为四大类，第1类是以气体燃料（如压缩天然气、液化天然气、液化石油气、氢气）作为动力源的汽车，或使用不用原油裂化得到的液体燃料（如乙醇、生物柴油等）作为动力源的汽车；第2类是以太阳能作为动力源的汽车；第3类是以氢燃料电池为动力源的汽车；第4类是以电能作为动力源的汽车，包括纯电动汽车、混合动力汽车、插电式混合动力汽车。第2~4类新能源汽车的驱动装置均采用电动机，亦称电动汽车。

1.1.2 新定义

国务院颁布的《节能与新能源汽车产业发展规划（2012—2020）》，明确新能源汽车主要包括纯电动汽车、插电式混合动力汽车（单次纯电行驶里程不小于50km）、燃料电池汽车，并将常规混合动力汽车划归为节能内燃机汽车。

1.1.3 电动汽车

电动汽车均装备动力电池，其电能来源包括：①内燃机的机械能通过发电机系统转化为电能输入动力电池；②车辆减速制动时，通过发电机（此时电动机作为发电机）将车辆的动能转化为电能输入动力电池；③车载充电机（慢充）或外部直流充电桩（快充），将外部电源的电能输入动力电池；④由氢气通过化学反应产生电能，输入动力电池。另外，还有太阳能、超级电容等能量转化方式，但还在试验阶段，现今上市销售的电动汽车分类如图1-1所示。

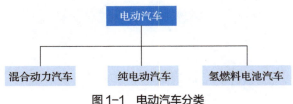

图 1-1 电动汽车分类

1.2 混合动力汽车类型

1.2.1 混合动力汽车

（1）分类

混合动力汽车（Hybrid Electric Vehicle，HEV），不属于新能源汽车，归类为节能内燃机汽车，但属于电动汽车，一般在新能源汽车教材中也加以介绍。混动汽车采用汽/柴油内燃机与电动机两种动力，按混合度分为微混合、轻混合、中度混合、重度混合四类，前三类节能效果差，目前一般不采用。

（2）重度混合动力汽车

重度混合动力汽车是在中度混合动力汽车的基础上，增加了动力电池能量，但是电池续驶里程仅数千米，不设慢充插口和快充插口；依靠发动机驱动发电机进行充电，发动机预热结束后以 2000~3000r/min 经济转速运转，可使化学能转化为机械能的效率最高，从而降低油耗。重度混合动力汽车动力传输通道如图 1-2 所示，图中绿色为电力传输通道，红色为机械传输通道。

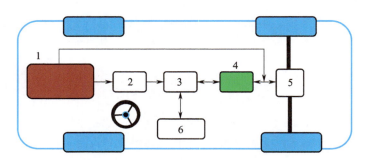

图 1-2 重度混合动力汽车动力传输通道
1—发动机 2—发电机 3—逆变/整流器
4—电动机/发电机 5—变速器 6—动力电池

重度混合动力汽车可采用单动力驱动或者双动力驱动。①单动力驱动，是发动机或者电动机分别将动力送到变速器；②双动力驱动，又分为串联驱动、并联驱动、混联驱动，并联驱动是发动机与电动机同时将动力送到变速器；串联驱动是发动机驱动发电机发电，所发电能供电动机运转，再将动力送到变速器，多余电量充入动力电池；混联驱动是发动机将动力送到变速器的同时驱动发电机发电，所发电能供电动机运转，再将动力送到变速器。

（3）代表车型

HEV代表车型有丰田卡罗拉双擎车，如图1-3所示，2015年10月上市，搭载镍氢电池，标称电压为201.6V，额定能量为1.4kW·h。该车结合了串联和并联两种方式，发动机在经济转速区间运转，可以控制机械传输通道和电力传输通道的动力分配比例，极大降低油耗，百公里油耗（综合工况）为4.2L/100km。该车型设有EV（电池驱动）、ECO（经济）、POWER（动力）三种驾驶模式，EV模式下可以行驶十余千米。

图1-3 丰田卡罗拉双擎车

1.2.2 插电式混合动力汽车

（1）特点

插电式混合动力汽车（Plug-in Hybrid Electric Vehicle，PHEV），是在重度混合动力汽车的基础上，增加动力电池的能量和慢充口，可获得更多的纯电动续驶里程。国家标准要求 PHEV 的纯电动续驶里程不得低于 50km。PHEV 可采用单动力驱动或者双动力并联驱动形式，其动力传输通道如图1-4所示。

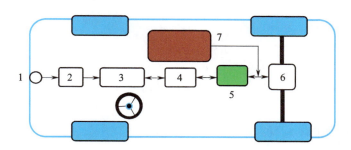

图1-4 插电式混合动力汽车动力传输通道

1—220V 交流慢充口　2—充电机　3—动力电池　4—逆变/整流器
5—电动机/发电机　6—变速器　7—发动机

（2）代表车型

PHEV 代表车型有 2022 款丰田卡罗拉双擎 E+，如图 1-5 所示，该车型最早于 2019 年 3 月上市，搭载镍氢电池，标称电压为 201.6V，额定能量为 6.5kW·h。在双擎车的基础上，右后翼子板位置增加交流充电口，支持公共交流充电桩和便携式充电器充电，使用前者充满电需 3h，使用后者充满电需 5h。纯电续驶里程 55km，百公里油耗（综合工况）为 1.3L/100km，空电行驶百公里油耗为 4.3L/100km。

图1-5 2022款丰田卡罗拉双擎E+

1.2.3 增程式混合动力汽车

（1）特点

增程式混合动力汽车（Range Extended Electric Vehicle，REEV），是在纯电动汽车的基础上，搭载一台小功率汽油发动机，该发动机不可以将动力直接传递给变速器，而是用来驱动发电机，以备动力电池电量不足时为其充电。搭载的小功率发动机只是在一定程度上补充电量，并不能满足汽车各种工况下的电驱动所需电力。REEV采用串联驱动形式，其动力传输通道如图1-6所示。

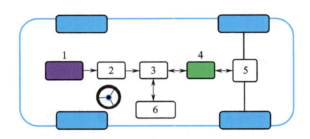

图1-6 增程式混合动力汽车动力传输通道

1—小功率发动机 2—发电机 3—逆变/整流器
4—电动机/发电机 5—变速器 6—动力电池

（2）代表车型

REEV代表车型有理想ONE，如图1-7所示，2021年5月上市，搭载三元锂电池，标称电压为350V，额定能量为40.5kW·h，设有交流和直流充电口，纯电续驶里程为188km。搭载1.2L 3缸涡轮增压直喷发动机，在满电满油情况下综合工况续驶里程为1080km。

图1-7 理想ONE

1.3 纯电动汽车

（1）特点

纯电动汽车（Battery Electric Vehicle，BEV），是指以动力电池作为唯一车载能源，并由电动机提供驱动的车辆，其动力传输通道如图1-8所示。BEV无排放污染、噪声低、

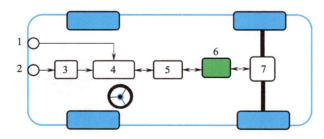

图1-8 纯电动汽车动力传输通道

1—直流快充口 2—220V交流慢充口 3—充电机 4—动力电池
5—逆变/整流器 6—电动机/发电机 7—减速器

能源转化率高且多样化；使用维护与内燃机汽车、混合动力汽车和燃料电池汽车相比，比较简单；动力传动部件更少，维护工作量更少，特别是电动机本身使用广泛、不易受所处环境影响，所以纯电动汽车的维修和使用成本相对较低。

（2）三电装置

纯电动汽车的三电装置如图1-9所示，大三电——动力电池、电动机、电机控制器；小三电——高压控制盒、车载充电机、DC/DC变换器。也有人将电机控制器、高压控制盒、车载充电机、DC/DC变换器集成在一起称作新能源汽车电力电子集成模块（PEU），将电动制冷压缩机、电动制动、电动转向称作小三电。目前，纯电动汽车的动力电池电压大多为200~800V，电池能量为15~120kW·h，百公里耗电量为9~18kW·h，续驶里程为150~700km，最高车速为100~220km/h。

图1-9　三电装置

1.4　氢燃料电池汽车

（1）特点

氢燃料电池汽车（Fuel Cell Electric Vehicle，FCEV），由氢气和氧气通过化学反应产生驱动车辆的电力，反应生成物是水。因此，氢燃料电池汽车是真正意义上的零排放、零污染汽车。

（2）组成

氢燃料电池汽车由燃料电池系统、辅助蓄能装置、电动机和电子控制系统组成，如图1-10所示。燃料电池系统的高压储氢罐，轿车一般采用2~4个高压气瓶，大客车通常采用5~10个高压气瓶。燃料电池堆将氢气与氧气反应生成电流和水。辅助蓄能装置的动力电池，当燃料电池堆输出的电能大于车辆驱动所需能量时，用于储存燃料电池剩余的电能；当汽车加速和爬坡时，弥补燃料电池堆输出的电能不足。驱动电机采用与纯电动汽车一样的直流有刷、交流同步或交流异步电动机。电子控制系统具有燃料电池系统控制、辅助蓄能装置管理、电动机驱动控制、DC/DC变换器控制及整车协调控制等功能，各控制模块通过CAN总线通信。

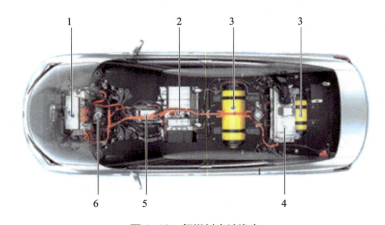

图 1-10 氢燃料电池汽车
1—电机控制器 2—燃料电池堆 3—高压储氢罐
4—动力电池 5—升压变压器 6—电动机

（3）代表车型

氢燃料电池汽车代表车型有丰田 Mirai，如图 1-11 所示，储氢罐充满需 3~5min，氢储量可以支持约 700km 续驶里程。

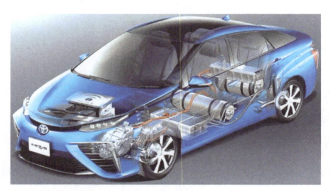

图 1-11 丰田 Mirai

1.5 我国新能源造车现状

1.5.1 传统车企全面发力

无论是自主品牌，还是合资品牌的传统车企，都向新能源汽车产品全面发力。新能源汽车的关键零部件，从传统汽车的发动机、变速器等，转变为电池、电机、电控，同时随着新能源汽车整车及电子电气系统的标准化、模块化、平台化、通用化，整车结构大为简化。随着智能网联技术的发展，加上电子电气架构的变革，汽车不仅是机械类装置，也是高科技电子产品、数据采集终端和重要的计算节点。芯片、操作系统、智能计算平台、车辆与车外其他设备间的无线通信（V2X）、智能驾驶系统等将逐渐成为主流增量零部件。新能源汽车正在由单纯的交通工具向移动智能终端、储能单元和数字空间转变，推动新能源汽车与能源、交通、信息通信全面深度融合，新能源汽车逐渐成为支撑构建清洁能源、智能交通、智慧城市的关键要素。

1.5.2 造车新势力热度不减

当前，全球新一轮科技革命和产业变革蓬勃发展，汽车产品形态和功能属性发生变化，跨行业、跨领域的融合创新和开放合作成为产业发展新特征，给跨界企业进入汽车行业带来机会。跨界造车也称作造车新势力，目前小鹏、蔚来、理想3家企业并驾齐驱。尽管新能源汽车行业竞争激烈，但新进入者热度不减，自2020年以来，阿里、百度、小米、华为等科技企业再次加码新能源汽车。2020年11月，阿里、上汽、浦东新区合资成立智己汽车，瞄准高端纯电动汽车市场。2021年1月，百度与吉利合资成立集度汽车，以整车制造商的身份进军汽车行业。2021年3月，小米正式宣布造车，首期投资100亿元，预计未来10年投资额将达到100亿美元。华为投资新能源汽车威马，已经造出威马EX5，华为与北汽蓝谷、长安汽车、长城汽车等多家公司均有合作。

1.5.3 芯片是战略之争

（1）芯片供应问题愈发凸显

长期以来，新能源汽车一直是芯片的重要应用场景，大量芯片产品被广泛应用在动力电池、驱动电机、附加电器、底盘以及智能网联等关键电子零部件。据不完全统计，目前单车超过80个核心零部件需使用芯片，搭载芯片数量约600颗，价值量约4000元，L4级自动驾驶汽车单车芯片价值量更是达到11000元。从产品本身来看，汽车芯片需要满足车规级技术标准，对环境、可靠性、一致性要求更加严苛。

（2）我国汽车芯片生产现状

芯片是关乎新能源竞争力的重要器件，是汽车强国建设的关键基础，但从产业链环节看，我国汽车芯片发展不均衡。2022年台积电全球市场占有率达到60%，制程技术达到5nm。2022年中芯国际的市场占有率约5%，2020年才实现14nm芯片的量产。芯片设计方面，华为海思、地平线、黑芝麻等设计企业已实现批量产品装车，中低端芯片设计已与国际基本同步。但高端芯片设计与国外先进水平差距较大，尤其是芯片设计工具（EDA）市场长期被国外垄断。芯片制造方面，封测环节处于全球先进行列，但晶圆体、芯片制造环节最为薄弱。

1.6 新能源汽车发展趋势

1.6.1 市场表现将乘风破浪

随着政策可期、产品发力等多重向好因素的不断聚集，2022年新能源汽车的市场表现已经远超预期。未来随着经济环境的持续向好，新能源汽车产品的进一步丰富，新能源汽车下乡、公共领域电动化等政策的落实开展，以及补贴和购置税免征政策撬动效应的持续显现，预计新能源汽车产销规模将再创新高。

1.6.2 智能化成为新阶段竞争核心

当前，新能源汽车产业发展已经由以电动化为核心的初期阶段，进入以智能化为核心的中高级阶段，产业竞争也重点向智能化、网联化、数字化领域聚焦。因此，除传统"三电"之外，搭载先进电子电气架构、高算力芯片、车载操作系统等相关核心技术和产品的下一代新能源汽车，将成为新阶段产业竞争的新高地。

1.6.3 融合创新成为造车新特征

新能源汽车与能源、交通、信息通信等领域，在新一轮科技革命和产业变革趋势下加速融合，融合创新成为新能源造车新特征。这将推动新能源汽车产品由单纯的交通工具向移动智能终端、储能单元和数字空间转变，进而推动汽车产业生态，由传统的以整车企业为主体的"链式关系"，向以生态主导型企业为核心的"网状生态"转变。

1.6.4 国家发展规划

国务院颁布的《新能源汽车产业发展规划（2021—2035 年）》指出：到 2025 年，我国新能源汽车市场竞争力明显增加，动力电池、驱动电机、车用操作系统等关键技术取得重大突破，纯电动乘用车新车平均电耗降至 12kW·h/100km，新能源汽车达到汽车新车销售总量的 20% 左右。到 2035 年，纯电动汽车成为新销售车辆的主流，公共领域用车全面电动化，燃料电池汽车实现商业化应用，高度自动驾驶汽车实现规模化应用，充换电服务网络便捷高效，氢燃料供给体系建设稳步推进。

自测题

一、判断题

1. 混合动力汽车并联驱动是发动机与电动机同时将动力送到变速器。（   ）
2. 混合动力汽车串联驱动是发动机驱动发电机，所发电能供电动机运转，多余电量充入动力电池。（   ）
3. 插电式混合动力汽车的发动机不可以将动力直接传递给变速器。（   ）
4. 增程式混合动力汽车的发动机可以将动力直接传递给变速器。（   ）

二、单选题

1. 国务院《节能与新能源汽车产业发展规划（2012—2020）》，规定插电式混合动力汽车单次纯电行驶里程不少于（   ）。
   A．50km　　　　　B．60km　　　　　C．70km　　　　　D．80km
2. 纯电动汽车的动力电池电压大多在（   ）。
   A．48~100V　　　B．100~200V　　　C．200~800V　　　D．800~1200V
3. 纯电动汽车的动力电池能量大多在（   ）。
   A．5~10kW·h　　B．10~30kW·h　　C．15~120kW·h　　D．80~150kW·h

4. 国务院《新能源汽车产业发展规划（2021—2035 年）》指出：高度自动驾驶汽车实现规模化应用是在（　　）。
   A．2030 年　　　　B．2035 年　　　　C．2040 年　　　　D．2045 年

三、多选题

1. 国务院《节能与新能源汽车产业发展规划（2012—2020）》，规定新能源汽车主要包括（　　）。
   A．纯电动汽车　　　　　　　　B．混合动力汽车
   C．插电式混合动力汽车　　　　D．增程式混合动力汽车
   E．燃料电池汽车
2. 属于电动汽车的是（　　）。
   A．氢燃料发动机汽车　　　　　B．氢燃料电池汽车
   C．混合动力汽车　　　　　　　D．插电式混合动力汽车
   E．增程式混合动力汽车
3. 电动汽车的电能来源有（　　）。
   A．发电机的发电　　B．制动能量回收　　C．交流充电桩
   D．直流充电桩　　　E．氢气化学反应
4. 氢燃料汽车驱动系统的主要组成有（　　）。
   A．燃料电池系统　　B．辅助蓄能装置　　C．电动机
   D．电子控制系统　　E．燃油系统

第2章 纯电动汽车特点

2.1 纯电动汽车的四种电压

燃油汽车只有一种 12V 电压，纯电动汽车有四种电压。

2.1.1 12V 直流电压

燃油汽车采用发电机给蓄电池充电，纯电动汽车采用 DC/DC 给蓄电池充电，DC/DC 称作直流电压变换器，作用是将高压直流电调节成 12V 直流电。纯电动汽车仍采用铅酸蓄电池，但有些车采用磷酸铁锂电池，如图 2-1 所示。磷酸铁锂单体电池标称电压 3.2V，采用 1P4S（1 并 4 串）连接方式，电压为 12.8~14.4V。

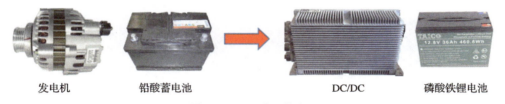

图 2-1 12V 电源的变化

2.1.2 220V 交流电压

交流充电桩（或住宅插座）与慢充枪、慢充口与充电机之间的慢充线束是 220V 交流电，如图 2-2 所示。电力变压器次级三相绕组分别引出相线，记作"U、V、W"，相线之间称作线电压（380V）。三相绕组的集结点称中性点 N，引出的线称零线，记作"N"，相线与零线之间称作相电压（220V）。中性点 N 通过钢缆埋入大地，同时引出一条线称保护地线。金属外壳的用电设备必须使用三孔插座，左插孔为零线"N"，右插孔为相线"L"，中间插孔为保护地线"PE"。车身与保护地线连接，当连接慢充枪后，如果"L"线与车身存在短路故障，熔断器立即熔断，防止车身带电，避免人身触电。

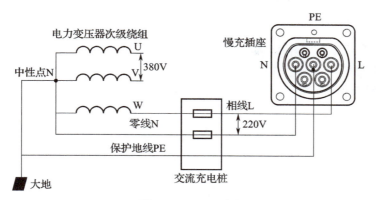

图 2-2　220V 交流电

2.1.3　高压直流电压

直流充电桩与快充枪、快充口与高压盒、高压盒与其他高压部件之间的橘黄色线束为高压直流电，如图 2-3 所示。不同车型的高压直流电压为 200~800V，电压越高越能减小传输电线的横截面积，从而减小质量和体积；但电压太高会对安全带来不利，必须提高电线和设备的绝缘能力。

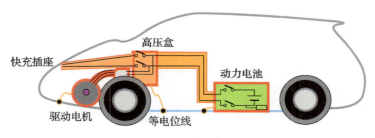

图 2-3　高压直流电

2.1.4　三相交流电压

电机控制器与驱动电机之间是三相交流电，如图 2-4 所示，U 相为红色，V 相为绿色，W 相为黄色。电机控制器将高压直流电逆变成三相交流电，供给三相交流同步电动机。电机控制器通过改变交流电的频率控制电动机转速，通过改变相序变换电动机转动方向，从而控制车速和行驶方向。电机控制器内设有电流传感器测量三相电流，不测量三相电压。

图 2-4　三相交流电

2.2 高压电 IT 网络

纯电动汽车高压电均采用 IT 网络，第 1 位 "I" 表示高压电与车身绝缘，第 2 位 "T" 表示高压设备外壳连接车身。优点：如图 2-5 所示，高压电正极如果与设备外壳发生短路故障，人体触摸设备外壳，因无电流回路不会触电。

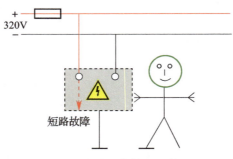

图 2-5 高压电的 IT 网络

如果高压电正极与设备 A 外壳发生短路，高压电负极与设备 B 外壳发生短路，当人体同时触摸设备 A 和设备 B 时，则人体构成电流回路遭到触电。纯电动汽车的各个高压设备外壳均用电缆连接，称作等电位线，当高压正极与高压负极同时出现短路故障时，熔断器立刻熔断，如图 2-6 所示。

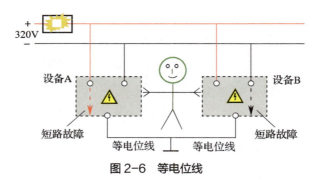

图 2-6 等电位线

必须保证各高压设备的等电位线连接可靠，如果等电位线发生断路故障，则人员有触电危险，如图 2-7 所示。

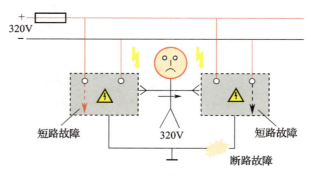

图 2-7 等电位线断路故障

2.3 高压电绝缘措施

1）关闭点火开关后，整车控制单元（Vehicle Control Unit，VCU）执行下电程序，动力电池的高压正和高压负继电器自动断开，高压下电。

2）高压正、高压负线束为单线制或双线制，外皮为橘黄色。

3）高压电部件外壳装有等电位线，亦称均衡线，作用是避免出现接触电压。

4）高压插头和插接器均有防止接触措施。

5）动力电池中间装有维修开关，维修开关中装有快速熔断器。

6）采用电绝缘式DC/DC变换器，保证高压电不会与12V电压直接连接。

7）高压部件内的电容器，当高压下电后会自动放电。

8）高压元件插头有高低压互锁线，如果插头未连接，高压不会上电；如果在运行中插头脱开，高压立即下电。

9）对高压元件采用绝缘监控，实时监测高压正、高压负与车身搭铁之间的电阻值，如果异常，高压立即下电。

10）当高压电系统出现故障或车辆发生碰撞事故时，高压立即下电。

2.4 高压电系统

2.4.1 主要组成

电机控制器、高压盒、充电机、DC/DC可以分体，如图2-8所示；将后三者集成后称电源分配单元（PDU），如图2-9所示；将四者集成后称PEU，如图2-10所示。因各厂家设计思路不同，因此集成方式不同，例如有的车型将高压盒与充电机集成，将DC/DC与电动压缩机控制器集成。

图2-8 分体式高压系统

图2-9 集成式高压系统PDU（三合一）

图2-10 集成式高压系统PEU（四合一）

分体式高压系统的优点是更换成本低，缺点是部件多、部件间的连接线多。集成式的优点是体积小、质量轻，缺点是更换成本高。为便于初学者学习，本书以北汽新能源EV150的分体式高压系统为例进行介绍。EV150是北汽新能源最早生产的车型，虽然技术早已更新，但是可以为下一步学习打好基础。为便于记忆，本书说成"大三电""小五电"，如图2-11所示，红色字是"大三电"，蓝色字是"小五电"，红色箭头是动力电池放电，黄色箭头是动力电池充电。

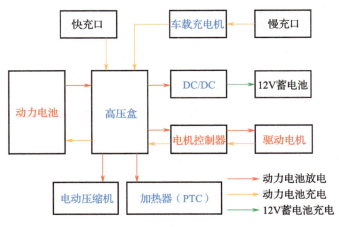

图2-11 大三电与小五电

2.4.2 大三电

1）动力电池：如图2-12所示，动力电池箱的作用如同燃油汽车的燃油箱，主要采用三元锂电池或磷酸铁锂电池。不同车型的电压为200～800V，能量为15～120kW·h；动力电池的电能来源有慢充、快充、动能回收。主要由电池包、电池管理系统（BMS）、辅助元件、外壳组成。

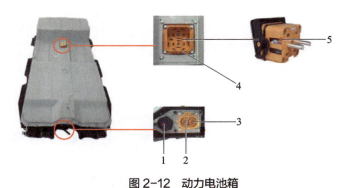

图2-12 动力电池箱
1—低压插座 2—高压+ 3—高压-
4—维修开关插座 5—维修开关

2）驱动电机：如图2-13所示，驱动电机的作用如同燃油汽车的发动机，但具有动能回收功能，大多采用三相交流同步电动机，装有旋变传感器，也有些采用三相交流异步电动机。

3）电机控制器：如图2-14所示，电机控制器的作用是将高压直流电逆变成三相交流高压电，并调整频率，主要由绝缘栅双极型晶体管（IGBT）和控制器主板组成。

图 2-13　三相交流同步电动机

图 2-14　电机控制器

2.4.3　小五电

1）高压盒：如图 2-15 所示，高压盒亦称高压分配盒、高压控制盒，作用是分配高压电，如同 12V 系统的继电器盒。内部设有快充高压正、高压负继电器，有些车高压盒的内部装有 PTC 控制器。

2）车载充电机（OBC）：如图 2-16 所示，车载充电机的作用是为动力电池充电，内部有整流器，输入的是 220V 交流电，输出是高压直流电。

图 2-15　高压盒

图 2-16　车载充电机

3）直流电压变换器（DC/DC）：如图 2-17 所示，DC/DC 的作用如同燃油汽车的发电机，为全车低压电设备供电和为 12V 蓄电池充电。

4）电动压缩机：如图 2-18 所示，燃油汽车由发动机传动带驱动制冷压缩机，电动汽车采用与压缩机集成的高压直流电动机或三相交流电动机驱动压缩机。

图 2-17　DC/DC

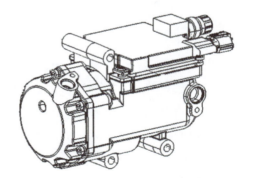

图 2-18　电动压缩机与控制器

5）PTC：如图2-19所示，PTC为正温度系数热敏电阻，亦称加热器，其作用是为驾驶室加热，图2-19所示为空气加热器，还有一种是水加热器。

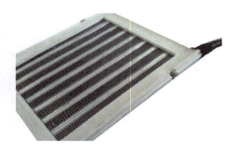

图2-19 空气加热器

2.4.4 高压电缆

高压电缆分为单线制和双线制，前者用于大功率高压设备，后者用于小功率及辅助高压设备，如电动压缩机、PTC。单线制高压电缆结构如图2-20所示，铜导线外面包有绝缘层和屏蔽层，铜丝编织的屏蔽层连接搭铁，作用是将导线电流产生的电磁波，感应生成电压并对地短路，不使其干扰其他无线电设备和控制单元。双线制高压电缆结构如图2-21所示。

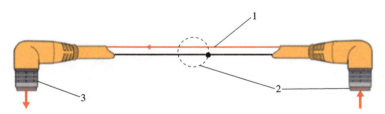

图2-20 单线制高压电缆

1—铜导线（例如横截面积25mm^2） 2—屏蔽层 3—锁止机构

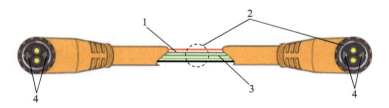

图2-21 双线制高压电缆

1—两根铜导线（例如横截面积2×4mm^2） 2—屏蔽层 3—互锁电线 4—互锁插针

高压电缆在纯电动汽车上的应用包括：

1）慢充电缆：如图2-22a所示，由慢充口至充电机，输送220V交流电。

2）快充电缆：如图2-22b所示，由快充口至高压盒，输送高压直流电。

3）高压盒→电机控制器电缆：如图2-22c所示，输送高压直流电。

4）电机控制器→电动机电缆：如图2-22d所示，输送三相交流变频高压电。

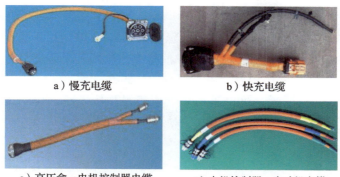

a）慢充电缆　　　　　　　　b）快充电缆

c）高压盒→电机控制器电缆　　d）电机控制器→电动机电缆

图 2-22　高压电缆

5）高压附件线束：如图 2-23 所示，高压盒通过高压附件线束分别连接充电机、DC/DC、电动压缩机、PTC。

2.4.5　慢充口、快充口

符合国家标准规定的慢充口、快充口如图 2-24 所示，各车型安装位置不统一。慢充口设有 7 个插孔，如图 2-25a 所示，中间三个插孔分别连接零线（N）、保护地线（PE）和相线（L）；快充口设有 9 个插孔，中间两个插孔为左高压负极、右高压正极，下方中间插孔连接保护地线（PE）。

图 2-23　高压附件线束

图 2-24　慢充口、快充口

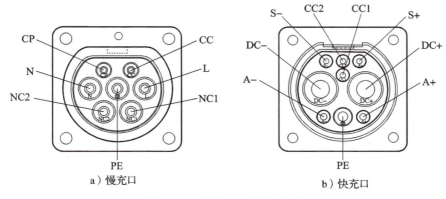

a）慢充口　　　　　　　　b）快充口

图 2-25　慢充口、快充口插孔

2.4.6 维修开关

维修开关亦称维修插头，如图2-26所示，上为维修开关，下为开关的底座；维修开关是一个带有快速熔断器的开关，有的车型将快速熔断器单独安装。熔断器的作用是防止放电过电流、能量回收过电流，一般为250A 500V。维修开关安装在动力电池串联模组的中间，如图2-27所示，可以手动切断或接通高压电路，作用是维修高压系统时保证断电操作。

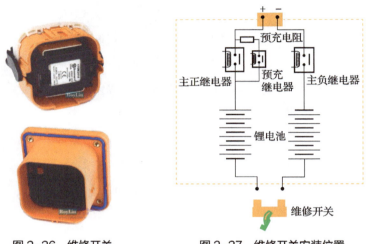

图2-26 维修开关　　图2-27 维修开关安装位置

2.5 低压电系统

低压电系统包括12V蓄电池、熔丝、开关、继电器、线束、电器设备、电子元件、控制单元、CAN总线、LIN总线、高低压互锁回路等。

2.5.1 12V蓄电池

12V蓄电池对低压系统供电，如图2-28所示，绿色为12V蓄电池电力传输通道，

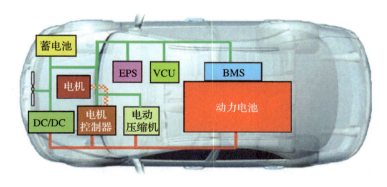

图2-28 12V供电

—— 12V供电线　　—— 直流高压电缆

12V电压供给散热风扇电动机、DC/DC、电机控制器、电动压缩机、EPS（电动助力转向）、VCU、BMS等。12V低压电的上电方式有：蓄电池30号常电、汽车钥匙上ON档接通的15号电、VCU发出唤醒信号接通的12V电。

2.5.2 控制单元

控制单元主要包括整车控制单元（VCU）、电池管理控制单元（BMS）、电机控制单元（MCU）、充电机控制单元、DC/DC控制单元、电动压缩机控制单元、PTC控制单元、数据采集终端。VCU是整车控制系统的指挥中心，如图2-29所示，大多安装在前机舱内。BMS控制动力电池的充放电，如图2-30所示，有些车型安装在电池箱内，有些安装在电池箱外。

图2-29 VCU

图2-30 BMS

2.5.3 CAN 总线系统

CAN 总线英文全称为 Controller Area Network，即控制器局域网，是目前汽车上使用最广泛的总线之一。纯电动汽车一般装有 7 个 CAN 总线系统，各汽车制造公司的命名不一致，一般称作：新能源总线（EVBUS）、快充总线（FCBUS）、动力电池内部总线（BBUS）、远程监控总线（TBUS）、底盘总线（CBUS）、舒适总线（EBUS）、信息娱乐总线（IBUS）。前三个总线系统是电动汽车特有的，后四个总线系统来自燃油汽车。LIN 总线英文全称为 Local Interconnect Network，即局域互联网络，是一种低成本的通信网络，是对 CAN 网络的一种补充，主控制单元可以通过 LIN 总线连接从控制单元。

2.5.4 高低压互锁回路

高低压互锁回路作用：①高压上电前确保整个高压系统的完整性，使高压处于封闭环境下工作，提高安全性；②运行中高压回路意外断开或者完整性受到破坏，互锁信号发出高压下电请求；③若带电拔开高压插接器，互锁插针提前断开，高压立即下电，防止高压端子拉弧损坏。

互锁方法：通过监测低压回路的导通，确认高压回路的导通，是动力电池上电的必要条件。北汽新能源汽车 EV200 的高低压互锁回路如图 2-31 所示，VCU 引出一条导线构成回路 1，依次通过电动压缩机插头、充电机插头、高压盒盖开关、高压盒快充插头、高压盒电机控制器插头、高压盒动力电池插头、高压盒 DC/DC 插头、PTC 插头，然后搭铁。当这一串插头连接良好时，VCU监测信号是0V；当有插头断开时，VCU监测信号是悬空电压。BMS引出一条导线通过高压线插头形成回路2，BMS引出一条导线通过维修开关形成回路3，电机控制器主板引出一条导线通过电机插头形成回路4。当VCU监测到回路1断路，或VCU收到BMS及电机控制器主板通过新能源CAN发来的信息时，VCU强制高压不能上电或立即执行下电程序。

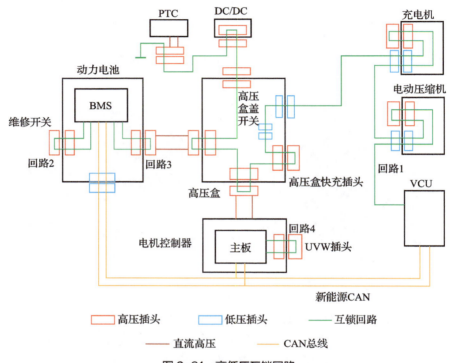

图2-31 高低压互锁回路

自测题

一、判断题

1. 电机控制器通过改变交流电的频率控制电动机转速，通过改变交流电的相序变换电动机转动方向。（　　）
2. 纯电动汽车的高压电IT网络，是指动力电池的负极连接到车身。（　　）
3. 带有高低压互锁线的插头，插头未连接则高压不会上电，运行中插头脱开则高压不会下电。（　　）
4. 纯电动汽车实时监测高压正、高压负与车身之间的电阻值，如果异常，则高压立即下电。（　　）

二、单选题

1. 纯电动汽车慢充口中连接保护地线的插孔符号是（   ）。
   A．L   B．PE   C．N   D．U
2. 纯电动汽车各个高压设备的外壳均用电缆连接，称作（   ）。
   A．搭铁线   B．保护零线   C．负极线   D．等电位线
3. 纯电动汽车高压正、高压负线束的外皮颜色为（   ）。
   A．黑色   B．棕色   C．橘黄色   D．红色
4. 不属于电动汽车三大电的是（   ）。
   A．电动压缩机 B．动力电池   C．电动机   D．电子控制器

三、多选题

1. 纯电动汽车的PEU集成了（   ）。
   A．电机控制器 B．高压盒   C．BMS
   D．充电机   E．DC/DC
2. 电机控制器主要组成是（   ）。
   A．维修开关   B．IGBT   C．旋变传感器
   D．控制器主板 E．充电机
3. 关于维修开关的正确说法是（   ）。
   A．外壳为黑色   B．带有快速熔断器
   C．可手动断开   D．拔出后切断动力电池回路
   E．一般为250A 500V
4. 纯电动汽车搭载的电子控制单元有（   ）。
   A．VCU   B．BMS   C．ECU
   D．MCU   E．TCU

第 3 章 高压电安全防护

3.1 准备知识

3.1.1 高压电定义

以前汽车修理厂的工种设有"交流电工"和"直流电工",前者维修厂房电气设备,后者维修汽车电器设备(图3-1)。现在电动汽车维修人员,还必须掌握交流电知识,假如不懂交流电三相四线制,则无法理解单相触电和两相触电。

图 3-1 交流电工、直流电工

(1)旧定义

电气设备分为高压和低压两种,《电业安全工作规程》(DL 408—1991)中定义:对地电压 250V 以上为"高压",以下为"低压"。当时无电动汽车,无须定义电动汽车属于高压还是低压。

(2)新定义

GB/T 2900.5—2013《电工术语 绝缘固体、液体和气体》,定义:交流 1000V 以上或直流 1500V 以上为"高压",以下为"低压"。我们生活中使用的单相 220V 交流电、生产中使用的三相 380V 交流电均属于低压,电动汽车上的 300~800V 直流电也属于低压。电动汽车维修工应考取"低压电工"证,而不是"高压电工"证,在 4S 店和电动汽车教学中说的高压电，实际属于国标定义的低压电范围。

3.1.2 强电与弱电

电气施工中使用"强电"和"弱电"这两个名词，例如家装中强电是指灯具、电源插座等具有强电流的电，弱电是指电话线、网线、有线电视等弱电流的电，简单地说摸到会有明显触电效应的就是强电，摸到没感觉的就是弱电。强电一般指频率为 50Hz 的交流电，称为"工频电"。

高压直流电也属于强电，但与工频电有很多不同，例如直流电可以储存在电池中，而工频电随发随用；直流电只有一个电压值，而交流电压的电压值包括有效值、峰值（幅值、最大值）、平均值。

3.1.3 电动汽车上的高压电

人们习惯称汽车 12V 蓄电池电压为低压，动力电池电压相对常规蓄电池来说就成了高压。电动汽车维修中，首先要知道车上的高压电种类及特点，才能做好高压电安全防护，电动汽车上的高压电在前面已经讲过，再重述一下。

1) 交流充电桩与车辆慢充口、慢充口与充电机之间的线束是 220V 交流电，充电机输入 220V 交流电。慢充口、慢充线束、充电机外壳、车身都设有保护地线。

2) 直流充电桩与快充口、快充口与高压盒（或 PEU）、高压盒与其他高压部件之间的线束，以及动力电池、PEU、PTC 均是 200~800V 直流电，具体电压由车型而定。

3) 驱动电机、空调压缩机使用的是几百伏变频三相交流电。

3.1.4 特种作业操作证

国家应急管理部发放的特种作业操作证（以前由国家安全生产监督管理总局发放），如图 3-2 所示，该证是维修低压电气设备的资质，3 年复审，6 年换证。电动汽车维修人员持有此证，也具备维修电动汽车高压部分的资质。该证的考核范围一般不包括电动汽车，所以电动汽车维修人员，还须学习电动汽车高压电安全防护。

笔者在 30 多年前持有的特种作业操作证，如图 3-3 所示，发证日期为 1990 年，发证机关为北京市劳动局，正证上准操作类别"电工"，副证上准操作项目"高压运行维修"。当时电动汽车未上市，笔者持此证合法地修理曲轴磨床、汽车举升机等强电设备，当时我认为汽修技术人员不仅要掌握汽车修理技术，还要拓宽知识面和技能面。

图 3-2 特种作业操作证

图 3-3 笔者 1990 年持有的特种作业操作证

3.1.5 电动汽车维修人员资质与职责

1) 奥迪公司电动汽车维修人员资质与职责，见表 3-1。

表 3-1　奥迪公司电动汽车维修人员资质与职责

级别	EUP（经过高压电培训的人员）	HVT（高压电技师）	HVE（高压电专家）
资质	• 由 HVT 进行过培训 • 了解高压系统大致结构、高压电危害及处理权限 • 经过 HVT 进行口试和笔试并且通过 • 由 HVT 签署书面证明	• 持有国家认可的《特种作业操作证（低压电工）》 • 参加过电动汽车（纯电动、混合动力、燃料电池）及其高压电系统的资格培训 • 参加考试并获得资格证书	• 属于奥迪汽车公司进口商职员 • 持有国家认可的《特种作业操作证（低压电工）》
职责	• 允许在电动汽车上进行一般操作和维护 • 操作项目例如更换车轮、更换制动片等 • 在 HVT 指派和监视下，准许在不带电的高压系统操作	• 同 EUP 职责 • 允许断开高压电并防止重新接通、允许测量部件有无高电压 • 负责对 EUP 培训 • 指派 EUP 在不带电的高压系统操作 • 不带电查找高压系统故障	• 同 HVT 职责 • 若无法断开高压电，允许对带电的高压系统进行操作 • 带电查找高压系统故障

2）比亚迪公司电动汽车维修人员资质与职责，见表 3-2。

表 3-2　比亚迪公司电动汽车维修人员资质与职责

级别	维修技师	监护人员
资质	• 持有国家认可的《特种作业操作证（低压电工）》 • 持有《初级（含）以上电工证》（职业资格证书） • 持有比亚迪汽车销售有限公司授予的电动汽车维修资质证书	• 同维修技师
职责	• 具备纯电动汽车、混合动力汽车对应车型维修资质的维修作业人员，负责车辆检测、维修工作 • 常规作业维护 • 非高压部分检测、维修 • 高压回路检测、维修	• 监督维修人员的组成、工具使用、防护用品佩戴、备件、安全保护、警示牌等是否符合要求 • 检查维修开关的接通和断开/检查车辆高压电源接通和断开 • 维修中对照安全操作规程进行检查，按照安全操作规程指挥维修技师操作，维修技师在做完一个操作后要告知监护人员，监护人员在作业流程单上签字

高压回路检测、维修作业除维修技师外，必须配备一名监护人员

3）职业院校的电动汽车实训：笔者认为，如果学生未持有《特种作业操作证（低压电工）》，可以参照奥迪公司的规定，学生是"EUP"，可进行不准带电操作；教师是"HVT"，负责断开高压电。如果学生持有《特种作业操作证（低压电工）》，可以参照比亚迪汽车公司的规定，学生是"维修技师"，教师是"监护人员"，学生必须掌握驱动系统结构和高压电安全防护，教师对学生一对一监护。

3.2 电流对人体的危害

3.2.1 电流对人体危害种类

电流对人体危害种类包括电击、电伤、电磁场危害：①电击是指电流通过人体，破坏心脏、肺及神经系统的正常功能；②电伤是指电流的热效应、化学效应和机械效应对人体的危害，主要是电弧烧伤、熔化金属溅出烫伤等；③电磁场危害是指在高频磁场的作用下，人出现头晕、乏力、记忆力减退、失眠和多梦等神经系统的症状。

人体接触绝缘损坏的220V交流电相线、两手分别接触高压直流电的正极和负极，电流通过人体就称作触电。触电时让人体受伤的是电流，老修理工都知道，在30年前维修汽油车，分缸高压线插头是铜皮制作的，发动机运转中拔开高压线插头做断缸试验时经常被电，但电流不大，所以没有触电危险。

3.2.2 流过人体的电流与人体反应

当电流流过人体时，对人体造成的危害程度与很多因素有关，例如个体的体质、心情状况、电流的大小和持续时间等，流过人体的电流与人体反应见表3-3。

表3-3 流过人体的电流与人体反应

流过人体的电流 /mA	人体的反应
0.1~1.5	手指开始感觉发麻
2~3	手指感觉强烈发麻
5~6	手指肌肉痉挛、手指感觉灼热和刺疼
8~10	手指关节与手掌感觉疼痛、手难以脱离电源
20~40	手指感觉剧痛、手不能脱离电源、呼吸开始麻痹、呼吸困难
50~70	呼吸麻痹、呼吸更加困难、心房开始震颤、心房强烈灼痛
80~100	电流持续3s或更长时间后心脏停搏或心房停止跳动

3.2.3 电流大小对人体的危害

（1）感知电流　流过人体引起人有感觉的电流称为感知电流，感知电流的最小值称为感知电流阈值，范围为0.1~5mA。感知电流一般不会对人体构成危害，但当电流增大时，感觉增强，反应加剧，可能导致坠落等二次事故。

（2）摆脱电流　人触电后能自行摆脱带电体的电流称为摆脱电流，摆脱电流的最小值称为摆脱电流阈值。对应概率50%的人体最大摆脱电流，成年男子大约16mA、成年女子大约10.5mA。摆脱电流是人体可以忍受而一般不会造成危险的电流，若通过人体的电流时间过长，会造成昏迷、窒息，甚至死亡。

（3）致命电流　在短时间内危及生命的电流称为致命电流，致命电流的最小电流称为致命电流阈值。通过人体引起心室纤维性颤动的最小电流称为室颤电流，室颤电流的最小值称为室颤电流阈值。

3.2.4 电流大小对人体随时间的危害

交流电流大小对人体随时间的危害如图 3-4 所示，直流电流大小对人体随时间的危害如图 3-5 所示。在区域①内，不论多长时间都无不良影响，例如医疗电针灸。在区域②内，有触电的感觉或痛觉但没有危险。在区域③内，肌肉痉挛、呼吸困难、心律失常，电流可能会导致生命危险。在区域④内，心室颤动、心跳停止、呼吸停止。

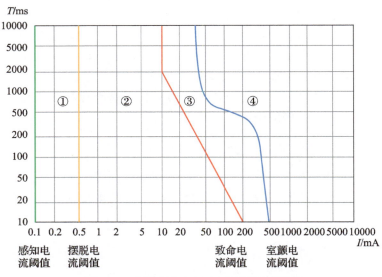

图 3-4 交流电流大小对人体随时间的危害
①—感知电流区域 ②—摆脱电流区域
③—致命电流区域 ④—心室颤动区域

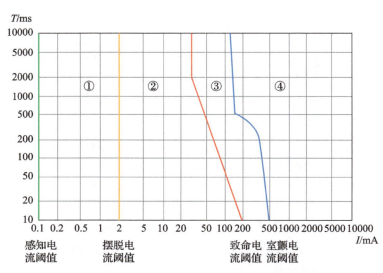

图 3-5 直流电流大小对人体随时间的危害
①—感知电流区域 ②—摆脱电流区域
③—致命电流区域 ④—心室颤动区域

3.2.5 人体电阻

人体电阻是不确定的，皮肤干燥时电阻可达几千欧，而一旦潮湿可降到1kΩ，当皮肤开裂或破损时电阻可降至300~500Ω，对于超过100V的电压，皮肤电阻几乎为0Ω，人体大致的电阻分布如图3-6所示。人体不同对电流的敏感程度也不同，一般来说儿童较成年人敏感，女性较男性敏感，心脏病患者触电后的死亡性更大，身体越强健受电流危害的程度越轻。

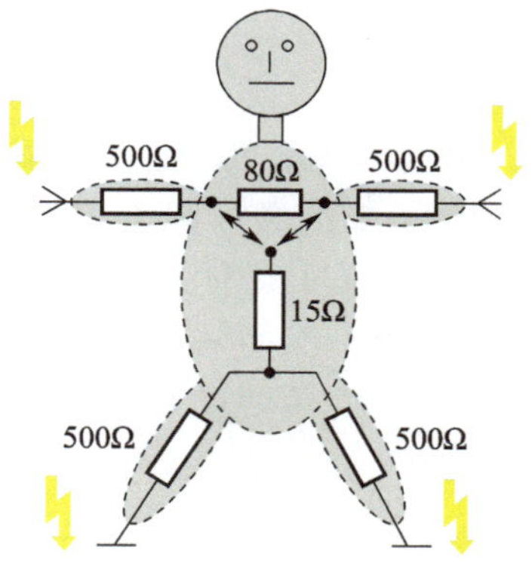

图3-6 人体电阻分布

3.2.6 电流路径的危害

（1）手—手

电流由一只手进入，由另一只手流出，如图3-7所示，这是危险的电流路径，因电流通过心脏。例如电源是直流332V，人体电阻是1080Ω，流过人体的电流332V/1080Ω=0.307A。

（2）手—脚

电流由一只手进入，由对角线的一只脚流出，如图3-8所示，这是最危险的电流路径，电流通过心脏即可引起心室颤动。电流通过左手触电比通过右手触电严重，因为心脏、肺部、脊髓等重要器官都处于该路径。

（3）脚—脚

电流由一只脚进入，由另一只脚流出，如图3-9所示，是危险性相对小的路径，但摔倒后容易出现二次事故。

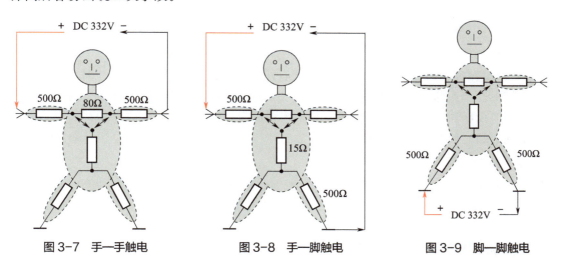

图3-7 手—手触电　　图3-8 手—脚触电　　图3-9 脚—脚触电

3.2.7 交流电对人体的危害

交流电的危害性大于直流电，因为交流电主要是麻痹破坏神经系统，往往难以自主摆脱。一般认为40~60Hz的交流电对人体最危险，随着频率的增加，危险性降低。当电源频率大于2000Hz时，所产生的损害明显减小，但高压高频电流对人体仍然是十分危险的。对于交流电，如果电流在心脏的滞留时间达到10ms，就会使心室纤维性震颤而致命。

3.2.8 安全电压

虽然电流是人受伤的根本原因，但是人体可以等效成一个电阻，根据欧姆定律 $I=U/R$，可知流经人体电流的大小与外加电压和人体的电阻有关。影响人体电阻的因素很多，通常流经人体电流的大小无法事先计算出来，因此，为确定安全条件，往往不采用安全电流，而是采用安全电压来进行估算。GB 4943.1—2011《信息技术设备 安全 第一部分：通用要求》定义：在干燥的条件下，交流电压42.4V或直流电压60V以下为安全电压，以上为危险电压，见表3-4。交流电压42.4V是有效值，其峰值（最大值）=$42.4 \times \sqrt{2} = 42.4 \times 1.414 = 59.95$V，即交流电压峰值与直流电压相吻合。

表3-4 安全电压与危险电压

电压	交流	直流
安全电压	<42.4V	<60V
危险电压	≥42.4V	≥60V

3.2.9 工频电触电类型

工频电触电类型分为两种：①直接触电，指人体直接接触带电导体，例如接触插座的电极；②间接触电，指人体接触正常运行时不带电、故障时带电的物体，例如接触层损坏的电线绝缘皮。

工频电触电类型又可分为以下四种，第1、2种触电电压是220V，第3种是380V，第4种取决于电网电压。

（1）接触带电的金属外壳

电器设备内部绝缘损坏，电线直接与金属外壳接触，又未连接保护地线时，会导致设备外壳带电。当人体一只手接触外壳，在鞋底不绝缘的情况下，电流由设备外壳→人体→大地→电力变压器的中性点构成回路。电器设备的金属外壳必须连接保护地线，当漏电后电路中的熔断器会立即熔断。家用电器中的电冰箱、洗衣机的保护地线是黄绿两色线。

（2）单相触电

单相触电是指人体某一部分接触绝缘破损的相线，电流通过人体流入大地造成的触电，如图3-10所示。两只手分别接触插座的相线与零线，电流流过人体也属于单相触电，单相触电最大电压是相电压。带电测量汽车举升机、空气压缩机电路时须穿绝缘鞋，当一只手接触到相线时绝缘鞋可切断电流经人体流向大地的回路。

（3）两相触电

两相触电也叫相间触电，是指人体与大地绝缘的情况下，同时接触到两条相线，如图3-11所示，电流由一相通过人体流到另一相，形成闭合回路。两相触电最大电压是线电压，为 $220\text{V} \times \sqrt{3} = 220 \times 1.732 = 380$V。带电测量汽车举升机、空气压缩机电路时须戴绝缘手套，当两只手分别接触两根相线时，手套可切断电流通过人体的回路。

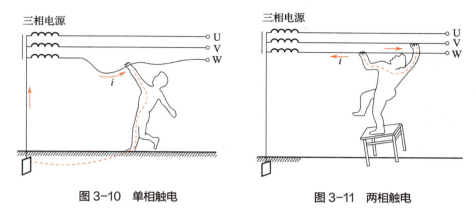

图 3-10　单相触电　　　　　图 3-11　两相触电

（4）跨步电压触电

跨步电压触电是指高压电网的相线断裂垂到地面，电流通过大地流向三相电源的中性点，强大的电流在落地点周围土壤中产生电压降。走在户外，若看到电塔上面的裸铜线断裂垂落地面（例如大风刮断），如图 3-12 所示，高压输电电压有 10kV、110kV、220kV 等，此时应双脚并拢一起或单脚跳出危险区，避免两脚之间出现电位差。

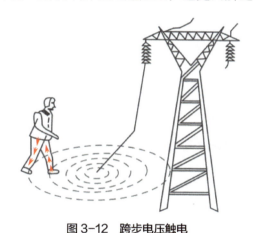

图 3-12　跨步电压触电

3.2.10　电弧对人体的危害

当开关电器开断电路，电压和电流达到一定值时，触点刚刚分离后，触点之间会产生强烈的白光，称为电弧。电弧的实质是一种气体放电现象，电弧放电具有很高的温度，电弧产生的高温可使触点表面熔化和蒸发，烧坏绝缘材料。由于电弧在电动力、热力的作用下能移动，容易造成飞弧短路和伤人或引起事故的扩大。维修电气开关和电气设备时，须断开上一级开关并挂上"正在作业，不准合闸"警示牌，进行不带电操作，如图 3-13 所示。

图 3-13　不带电操作

3.2.11 电击事故急救

（1）脱离电源

在援救触电受伤人员时，应保证自身安全才能救别人，绝对不要去接触仍然与电压有接触的人员，应立即关闭电源开关，或者用不导电物体（木棍）将触电者与导电体分离，如图3-14所示。

（2）心肺复苏

当受伤人员呼吸和心跳均停止时，应立即心肺复苏，如图3-15所示。①通畅呼吸气道；②2次口对口人工呼吸，维持氧气供应；③30次胸外按压。人工呼吸和胸外按压循环进行，在急救医生到来之前不得间断。如发生心室颤动，用除颤仪进行电除颤，以使心脏回归正常功能。自动体外除颤器（AED）是一种便携式、易于操作、稍加培训就能熟练使用、专为现场急救设计的急救设备，如图3-16所示，AED可独立提供伤者的心电图，并在适当的情况下进行除颤，越早使用AED，人的生存概率越大。

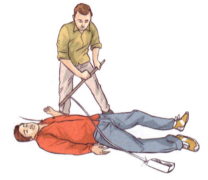

图3-14 脱离电源

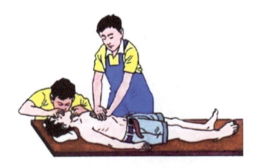

图3-15 心肺复苏

图3-16 自动体外除颤器

3.3 电动汽车高压电安全防护

3.3.1 电压等级

GB 18384—2020《电动汽车安全要求》规定，根据最大工作电压 U，将电气元件或电路分为A、B两级，见表3-5。人员触电防护要求应包括四个部分：高压标记要求、直接接触防护要求、间接接触防护要求、防水要求。

表3-5 电压等级

电压等级	最大工作电压 U/V	
	直流	交流
A	$0 < U \leq 60$	$0 < U \leq 30$
B	$60 < U \leq 1500$	$30 < U \leq 1000$

3.3.2 电击预防措施

（1）采用绝缘

绝缘材料的绝缘性能通过试验来判定，绝缘电阻是最基本指标，绝缘电阻越大，绝缘性能越好。当绝缘材料承受的电压超过某一数值时，在强电场作用下会在某些部位发生放电，绝缘性能遭到破坏。这种放电现象叫作电击穿，固体绝缘被击穿一般不能恢复绝缘性能。

（2）采用屏护

屏护是指采用遮拦、护罩、护盖、电器盒等将带电体同外界隔绝，包括永久性屏护和临时性屏护。电动汽车的动力电池箱、高压盒、PEU 等外壳是永久性屏护，如果打开了外壳，必须设立临时性屏护，例如围栏或围挡。

（3）采用间距

间距是保证安全的必要距离，防止人体接触或接近带电体。检修电动汽车的高压部位时，人体与带电体必须保持一定距离。

3.3.3 电动汽车高压安全设计

（1）采用 IT 网络

电动汽车高压系统采用 IT 网络，高压负极不连接车身，即使高压正极与设备的金属外壳短路，人体一只手接触设备的金属外壳，另一只手接触车身不会触电，如图 3-17 所示。

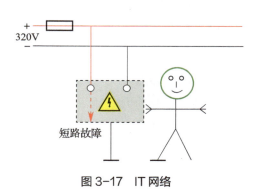

图 3-17　IT 网络

（2）高压电缆防护

高压线束的铜导线外面包有绝缘层，具有很好的绝缘性能和机械保护性能。控制系统实时监测高压电缆与车身的绝缘情况，一旦低于下限高压会自动下电。

（3）高压插头防护

高压插头和插座都有特殊的结构和形式，避免自然脱开，如图 3-18 所示。如果误操作拔出带电的插头，互锁线路先断开（图中白圈），高压立即下电，避免电弧对人体伤害。

图 3-18　高压插头和插座

（4）维修开关

维修开关安装在动力电池串联模组的中间，以手动切断/接通高压电路，其作用是维修高压系统时确保断电操作。

（5）高压互锁

高压互锁是电动汽车高压安全防护的关键组成部分，其作用包括：汽车运行中高压插头因撞击受到破坏时，互锁信号发出高压下电请求，高压立即下电；可防止带电插拔高压插接器给高压端子造成的拉弧损坏；有些电动汽车的高压部件设有开盖保护，当保护盖打开后强制高压不能上电。

（6）DC/DC防护

电气分离装置将DC/DC变换器的初级线圈和次级线圈分开，避免高压直流电接入12V直流电。

（7）电容器放电

电机控制器（MCU）、电动压缩机控制器等功率电子装置内装有电容器，高压下电后的残余电压会自动放电，但需要一定放电时间，所以拔开维修开关后等待10min，经过验电，方可维修。

（8）碰撞防护

当车辆发生碰撞时，动力电池控制单元监测到碰撞信号大于阈值时，会立即切断动力电池回路，同时通知电机控制器对高压电容放电。

3.3.4 动力电池断电流程

检修或更换动力电池、检修高压系统、检修高压部件附近的常规部件、修复车身及焊接等作业之前，必须断开动力电池。检修或更换动力电池，需举升车辆，拔开动力电池的高压插接器。检修前机舱内的高压部件，又没有举升机时，可拔开高压盒或PEU与动力电池连接的高压插接器。必须按照所修车型的维修手册作业，动力电池断电一般流程如下。

（1）持有特种作业操作证

高压电技师负责动力电池断电，须持有应急管理部发放的《特种作业操作证（低压电工）》，接受过厂家电动汽车高压系统培训及维修资格考试合格。

（2）特别注意

佩戴电子医学生命和健康维持装置（例如心脏起搏器）的人不得操作，禁止佩戴手表、戒指、项链等首饰，使用合格的防护用品和测量仪器，断电后严防高压系统重新上电。然后，高压电技师才能指派普通技师进行操作，并对高压系统上的所有作业负责和监督，检修进水或潮湿的高压部件要特别小心。

（3）放置围栏、警示牌

高压电技师关闭点火开关，将点火钥匙妥善保管，电子智能钥匙（图3-19）应放在射频信号范围以外，断开12V电池负极端子，放置围栏和警示牌（图3-20），防止维修工作以外人员进入修理工位。

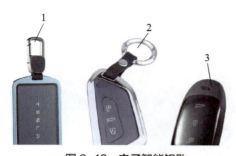

图 3-19　电子智能钥匙

1—特斯拉　2—大众 ID.4　3—比亚迪

图 3-20　放置围栏和警示牌

（4）检查绝缘手套

高压电技师首先检查绝缘手套是否有裂纹、磨损以及其他损伤，如图 3-21 所示。检查步骤为：侧放置手套，卷起手套边缘，然后松开卷起 2~3 次，封住手套开口，观察是否漏气，以证明手套完好。高压断电、验电、放电操作，均须佩戴绝缘手套。

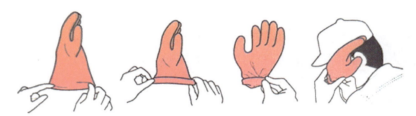

图 3-21　检查绝缘手套

（5）拔下维修开关

高压电技师拔下维修开关（图 3-22）并妥善保管，等待 10min 或更长时间，待高压电容器放电结束。

（6）验电

为保证后续工作安全，须测量高压负载端或动力电池输出端有无残余电压。如图 3-23 所示，用万用表直流电压档，测量高压盒/PEU/PDU 的高压正、负极之间的电压，如果测量电压高于安全电压，须进行放电。

图 3-22　维修开关

图 3-23　验电

（7）放电

高压电技师使用放电工装对残余电荷放电，如图3-24所示，红表笔连接高压正极，黑表笔连接高压负极，指示灯点亮。等待指示灯熄灭，即残余电荷释放完毕，此时再用万用表测量高压正、负极之间的电压，测量电压应在36V以下。

将测试笔分别接高压正、负极

待指示灯熄灭即残电荷释放完毕

图3-24 放电

（8）挂锁

拔开的高压插头必须严防进水和进入污物，高压插头不可使用润滑油、润滑脂和触点清洗剂，将高压插接器装在保护盒内并挂锁，或者用绝缘乙烯胶带包裹拔开的高压插接器。

（9）更换动力电池

由两名或更多技师操作时，应尽可能地经常沟通，车辆举升高度原则上不超过1.7m。在动力电池拆装过程中，须严格注意动力电池举升车的举升高度及其与动力电池箱的接触情况。

（10）恢复高压供电

电动汽车检修完毕，高压电技师负责高压电系统恢复，目视检查所有高压部件连接以及高压插接器和螺栓都正确锁紧，目视检查所有高压电缆码放情况，插入维修开关并锁闭，打开点火开关读取所有系统的故障码，最后移除围栏和警示牌。

3.4 防护用品及测量仪表

3.4.1 高压电安全防护用品

高压电安全防护用品见表3-6，包括：①绝缘橡胶手套，绝缘等级为600V、1000V；②绝缘安全帽，T4（绝缘）类适用于带电作业场所，作业人员戴蓝色，管理人员戴红色，参观人员戴白色；③绝缘安全鞋；④绝缘橡胶垫；⑤护目镜；⑥绝缘套装工具；⑦电气安全锁具；⑧绝缘毯；⑨警示标牌；⑩隔离栏等。在维修工作中，要遵守本企业电动汽车维修安全操作规程，一定要知道什么地方有高压电？什么情况下有高压电？

表3-6 高压电安全防护用品

名称	图片	用途	适用作业	使用前检查	检测
绝缘橡胶手套		防止人体接触高压电	高压系统断电、动力电池模组检修、事故车辆（碰撞、着火、水淹）带电作业	无油污、潮湿、进水、粘连、裂纹、漏气	每半年1次工频耐压试验

（续）

名称	图片	用途	适用作业	使用前检查	检测
防酸碱手套		防止手部接触电解液	动力电池模组检修	无油污、潮湿、进水、粘连、裂纹、漏气	—
绝缘安全帽		防止头部接触高压电	事故车辆（碰撞、着火、水淹）带电作业	帽壳无龟裂、凹陷、裂痕、严重磨损。帽箍、顶衬、下颚带、后扣（帽箍扣）完好无损。帽壳与衬顶缓冲空间25~50mm	每1年1次工频耐压试验
绝缘安全鞋		防止电流通过人体流向大地	事故车辆（碰撞、着火、水淹）带电作业、动力电池模组检修	无油污、潮湿、进水、外伤、裂纹、孔洞、毛刺、断底、断帮	每半年1次工频耐压试验
绝缘橡胶垫		防止强电经过人体流向大地	事故车辆（碰撞、着火、水淹）带电作业、动力电池模组检修	无油污、潮湿、孔洞、割裂、破损、金属粉末附着、厚度减薄	每1年1次工频耐压试验
护目镜		保护眼睛不被短路时的电火花灼伤	事故车辆（碰撞、着火、水淹）带电作业、动力电池模组检修	镜片无裂痕或严重磨损、镜架无损、松紧带无老化	—
绝缘套装工具		防止高压直流电被人体接触	事故车辆（碰撞、着火、水淹）带电作业	无露出金属，无油污、潮湿、松动、裂纹、断裂、损伤	—
电气安全锁具		防止已经拆下的高压插头被意外连接	高压系统检修	保护盒无破损、锁具完好	—
绝缘毯		防止敞开的动力电池包被人体接触	动力电池箱打开盖后覆盖模组	无油污、潮湿、孔洞、割裂、破损、金属粉末附着、厚度无减薄	—
警示标牌		指示该电动汽车正在维修高压系统	高压系统检修、事故车辆（碰撞、着火、水淹）带电作业	字符清晰、清洁平整、安放牢固	—

（续）

名称	图片	用途	适用作业	使用前检查	检测
隔离栏		避免无资质或不相干人员接触电动汽车	高压系统检修、事故车辆（碰撞、着火、水淹）带电作业	伸缩带无断裂、损坏	—

3.4.2 数字万用表

（1）功能

数字万用表是一种多功能测量仪表，用来测量交流电压、交流电流、直流电压、直流电流、电阻、二极管、电容、电路的通断等。福禄克15B+万用表如图3-25所示，参数见表3-7。

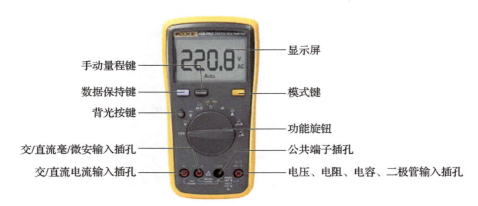

图3-25 福禄克15B+万用表

表3-7 福禄克15B+万用表参数

型号	福禄克15B+
交流电压/V	4、40、400、1000
直流电压/V	4、40、400、1000
交流电流/A	4、10
直流电流/A	4、10
电阻	400Ω、4kΩ、40kΩ、400kΩ、4MΩ、40MΩ
通断测试	可以
电池	两节5号电池

（2）测量动力电池电压

选择大于动力电池总电压的直流电压档，表笔线耐压3kV，戴好绝缘手套，黑表笔配备鳄鱼夹连接到高压负极，然后用红表笔接触高压正极进行测量，每次测量时只能用一只手拿住表笔，严禁双手操作及触摸表笔金属部分。

3.4.3 绝缘测试仪

（1）种类

绝缘测试仪分为数字式和指针式两种，现在一般使用数字式。

1）数字式绝缘测试仪：体积小、误差小、价格高。图 3-26 为福禄克 1508 绝缘测试仪，用来测量绝缘电阻、电压、保护地线电阻，其参数见表 3-8。测量绝缘电阻时，将电压升高后施加到被测量电路，通过旋转开关可设定测试电压为 50V、100V、250V、500V、1000V，选择原则是测试电压至少要与被测部件的常态工作电压一样高。

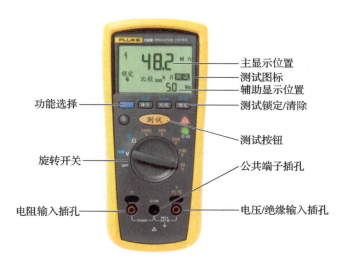

图 3-26 福禄克 1508 绝缘测试仪

表 3-8 福禄克 1508 绝缘测试仪参数

型号	福禄克 1508
绝缘测试电压 /V	50、100、250、500、1000
测量范围	0.01MΩ~10GΩ
允许误差 /%	±1.5
短路测试电流 /mA	1
自动放电时间 /s	<0.5
IP 等级	IP40
质量 /g	550
电池	两节 5 号电池，可测试 1000 次以上

2）指针式绝缘测试仪：也称兆欧表、摇表，体积大、误差大、价格低，图 3-27 为 ZC25-3 型绝缘测试仪。ZC25 绝缘测试仪参数见表 3-9，其功能只有测量绝缘电阻，测量时以 120r/min 转动摇柄，内部发电机发出的交流电经过倍压整流，输出 500V（ZC25-3）或 1000V（ZC25-4）直流电施加到被测电路。

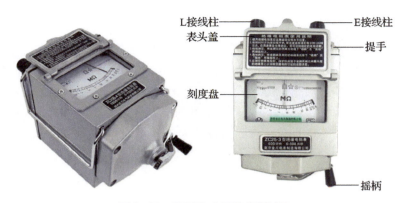

图 3-27 ZC25-3 型绝缘测试仪

表 3-9 ZC25 绝缘测试仪参数

型号	ZC25-3	ZC25-4
额定电压 /V	500	1000
测量范围 /MΩ	0~500	0~1000
精确度等级 / 级	10	10
允许误差 /%	± 10	± 10
质量 /kg	1.5	1.5
摇柄额定转速 / (r/min)	120	120

（2）测量绝缘电阻步骤

测量绝缘电阻必须在不带电的电路上进行，测量电动汽车高压部件的绝缘性之前，必须完成断电、验电、放电，福禄克 1508 绝缘测试仪的操作如下：

1）将两个测试探头分别插入电压/绝缘输入插孔和公共端子插孔，如图 3-28 所示。

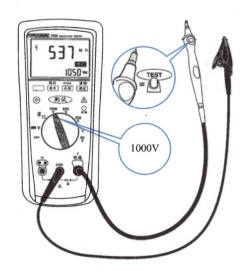

图 3-28 将两个探头插入测试仪

2）将旋转开关旋至所需要的测试电压，动力电池电压低于500V选"500V"或"1000V"量程，高于500V选"1000V"量程。

3）将探头与待测电路连接，测试仪自动检测电路是否带电，不带电则显示屏的主显示位置显示"----"；如果带有30V以上电压，则显示电压超过30V警告和高压符号"⚡"，测试被禁止，须断开电路的电源方能测试。

4）按住"测试"按钮，显示屏显示"测试"字样，右下角是辅助显示位置，显示被测电路上所施加的测试电压（图3-28中为1050V）；中间是主显示位置，显示高压符号"⚡"和读数（图3-28中为537MΩ）。电阻单位可以是MΩ或GΩ，当所测电阻值超过最大量程时，主显示位置显示"＞"符号及当前量程的最大电阻值。

5）释放"测试"按钮，显示屏"测试"字样消失，被测电路开始通过测试仪放电。

6）主显示位置显示的电阻读数，直到开始新的测试或者选择了不同功能/量程，或者检测到电压超过30V时才消失。

（3）测量高压电缆的绝缘电阻

根据欧洲经济委员会ECE-R100的标准，绝缘电阻必须至少为500Ω/V。例如某电动汽车的动力电池额定电压332V，绝缘电阻则不得小于500Ω/V×332V=0.166MΩ。如图3-29所示，测量时拔开高压线束一端的插头，测试仪的两个探头分别接触测量点：

图3-29　测量高压电缆绝缘电阻

1）导线与屏蔽之间（图3-29中①），电阻应大于0.166MΩ。

2）导线与车身搭铁之间（图3-29中②），电阻应大于0.166MΩ。

3）屏蔽与车辆的搭铁之间（图3-29中③），电阻应为0Ω。

3.4.4　钳形电流表

（1）种类

钳形电流表小巧便携、操作简便、无须断开线路就可测量设备的运行电流，分析设备的运行情况。注意：电路中的电压不能超过仪表额定电压值。

钳形电流表分为交流电流表、直流电流表、交直流两用电流表。①测量交流电流原理：在钳口闭合磁路装有电感线圈，被测导线流过电流产生磁场，根据互感原理产生感应电压，然后由集成电路换算成电流值。②测量直流电流原理：在钳口闭合磁路装有霍尔式传感器，被测导线流过电流产生磁场，传感器产生霍尔电压，然后由集成电路换算成电流值。

（2）交直流两用电流表——福禄克F317

福禄克F317是交直流两用钳形电流表，可以测量交流电流、直流电流、交流电压、直流电压、电阻和导线通断性。在电动汽车维修中，福禄克F317可以测量车载充电机的交流电流，以及动力电池的直流电流。

福禄克F317钳形电流表如图3-30所示，其各部名称和作用是：1—电流感测钳；2—触摸挡板，为了避免伤害，不要握在仪表触摸挡板以上的任何位置；3—旋转功能开关；4—选择交流或直流按钮；5—保持按钮，按一次冻结显示屏读数，再按一次解除；6—液晶显示屏；7—最小值与最大值按钮（本型号未用）；8—电压/电阻输入端子；9—公共端子；10—归零按钮，将读数归零以进行直流测量；11—背光灯按钮，打开或关闭背光灯，当没有按键或切换操作时，背光灯点亮2s后熄灭；12—钳口开关；13—对准标记，为了达到准确度，导线必须与两个标记对准。福禄克F317钳形电流表参数见表3-10。

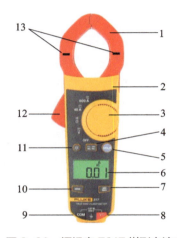

图3-30　福禄克F317钳形电流表

表3-10　福禄克F317钳形电流表参数

型号	福禄克F317
交流电流/A	40、400
直流电流/A	40、600
交流电压/V	600
直流电压/V	600
电阻/Ω	400、4000
通断测量/Ω	≤30
钳口大小/mm	37
电池	3节7号电池

（3）操作安全事项

1）不允许单人工作，应佩戴个人防护用品包括绝缘手套、护目镜，防止带电导体外露时遭受电击和电弧伤害。

2）使用前先检查外壳是否存在裂纹或塑胶件缺损，检查钳口接合面是否清洁，如果有异物、锈蚀将无法闭合钳口，从而导致测量错误。

3）张开钳口钳住一根导线，不可同时钳住两根导线，如图 3-31 所示，否则两根导线中相反电流产生的磁场相互抵消，测得电流为 0A。

4）测量电压时先连接零线，再连接相线，断开时相反。

5）测量电压不能超过仪表额定值，先测量一个已知电压以确定仪表是否运行正常。

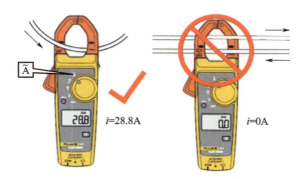

图 3-31　不可同时钳住两根导线

3.4.5　放电工装

汽车高压电放电工装如图 3-32 所示，最高放电电压为 600V。

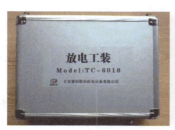 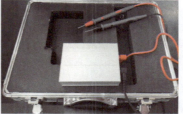

图 3-32　放电工装

3.4.6　绝缘工具

与传统维修工具相比，绝缘工具增加了抗高压的绝缘层，从而保证电动汽车维修人员的安全。不正确使用绝缘工具会加快其磨损或沾上油污，影响绝缘性能，使用后应清洁并经常检查，存放在干燥处。

某品牌 32 件绝缘工具组套，耐压 1000V，如图 3-33 所示，包含：外六角套筒 7 个（10、11、12、13、14、17、19mm），内六角套筒 4 个（4、5、6、8mm），接杆 2 个，棘轮套管 1 个，开口扳手 7 把（10、11、12、13、14、17、19mm），活络扳手 1 把，钳子 3 把（钢丝钳、尖嘴钳、断线钳），螺丝刀 5 个，电工刀 1 个，试电笔 1 个。

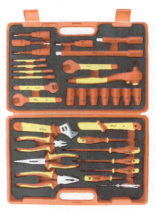

图 3-33　32 件绝缘工具组套

自测题

一、判断题

1. 国标定义交流1000V或直流1500V以下为低压,电动汽车维修人员须持有(低压电工)特种作业操作证。（ ）
2. 测量高压电系统电压,当测量值在36V以上必须使用放电工装进行放电。（ ）
3. 测量高压电系统时须佩戴绝缘手套,只能用一只手拿住表笔,严禁触摸表笔金属部分。（ ）
4. 钳形电流表钳口的闭合磁路装有电感线圈,可以测量直流电流。（ ）

二、单选题

1. 特种作业操作证(低压电工),规定每（　　）复审一次。
   A．1年　　　　B．2年　　　　C．3年　　　　D．4年
2. 如果有0.1~5mA电流通过人体,称之为（　　）。
   A．感觉电流　　B．摆脱电流　　C．致命电流　　D．室颤电流
3. 电流通过人体最危险的路径是（　　）。
   A．手—手　　　B．脚—脚　　　C．脚—膝盖　　D．手—脚
4. 根据欧洲经济委员会ECE-R100的标准,高压系统的绝缘电阻必须至少为（　　）。
   A．100Ω/V　　B．500Ω/V　　C．1000Ω/V　　D．1500Ω/V

三、多选题

1. 检修纯电动汽车高压系统,交流220V慢充电时,下面哪种情况会发生电击伤害?（　　）
   A．单相触电　　B．两相触电　　C．两手分别接触直流高压正、负极
   D．12V电压触电　E．两个高压部件绝缘损坏而未装等电位线
2. 电击伤害的预防措施有（　　）。
   A．绝缘橡胶手套　B．护目镜　　C．棉线手套
   D．采用屏护　　E．采用间距
3. 检修纯电动汽车高压系统的仪表和工具有（　　）。
   A．数字万用表　B．绝缘测试仪　C．钳形电流表
   D．绝缘套装工具　E．放电工装
4. 数字式绝缘测试仪,可选择施加到被测电路的电压是（　　）。
   A．10V　　　　B．250V　　　C．500V
   D．1000V　　　E．2000V

第4章 动力电池系统

4.1 锂离子电池

4.1.1 组成与分类

单体电池是将化学能与电能进行相互转换的基本单元装置。单体电池由正极、负极、电解液、隔膜、外壳等组成,如图4-1所示。单体电池也称作电芯。

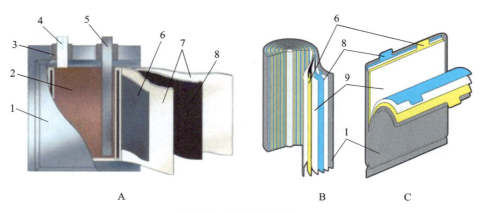

图4-1 单体电池组成

1—外壳 2—电解液 3—绝缘 4—正极柱
5—负极柱 6—正极 7—隔膜 8—负极 9—电解质膜
A—方形液态 B—圆柱形固态 C—板状固态

锂离子电池可按正极所用材料进行分类,其正极材料有镍酸锂($LiNiO_2$)、钴酸锂($LiCoO_2$)、锰酸锂(Li_2MnO_3)、三元锂[$Li(NiCoMn)O_2$]、磷酸铁锂($LiFePO_4$),这些锂化合物材料是晶状体结构材料。

三元锂是镍、钴、锰3种元素的聚合物,提高镍的比例,电池电量更足;提高钴的比例,电池寿命更长、充电更快;提高锰的比例,电池更稳定、成本更低。现在三元锂电池镍、钴、锰比例主要是1:1:1、5:2:3,今后会逐渐提高镍的比例,达到6:2:2或8:1:1。

锂离子电池负极材料为石墨,充电后成为锂-碳层间化合物LiC_6。

液态锂离子电池的正极与负极之间是隔膜和电解液,隔膜只允许锂离子(Li^+)往返通过,阻止电子(e^-)通过,在正负极之间起到绝缘作用。固态锂离子电池的隔膜、电解液由聚合物电解质膜代替,聚合物可以是干态,也可以是胶态,目前大部分采用聚合物胶体电解质膜。

4.1.2 形状与包装

锂离子电池的形状有方形、圆柱形、板状等,如图4-2所示,方形又分为方形叠片式、方形卷绕式,圆柱形又分为圆柱叠片式、圆柱卷绕式。锂离子电池的包装类型有硬包、软包,硬包使用钢壳、铝壳,软包使用铝塑。

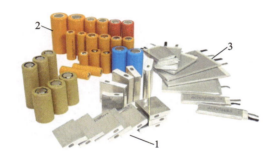

图4-2 锂离子电池外形

1—方形硬包 2—圆柱形硬包 3—板状软包

纯电动汽车大多采用三元锂或者磷酸铁锂方形硬包电池。特斯拉采用18650钴酸锂圆柱形硬包电池,18表示直径为18mm,65表示长度为65mm,0表示电池为圆柱形。笔记本计算机、手机采用三元锂板状软包电池。锂离子单体电池标称电压为3.7V,一般正常电压范围为3.2~4.2V。磷酸铁锂单体电池标称电压为3.2V,一般正常电压范围为2.7~3.7V。

比亚迪公司在2020年3月推出磷酸铁锂刀片电池,取消了模组,如图4-3所示,其电芯长度可大于2m,宽度大于10cm,厚度不到2cm,优点:①电池能量密度比传统电池增加1/3以上;②材料成本降低1/4左右;③电池体积小,可为车辆节省空间;④电池质量轻,能源消耗少,续驶里程增加。

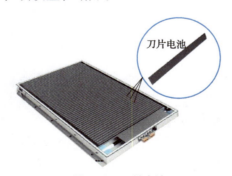

图4-3 刀片电池

4.1.3 工作原理

（1）充电

钴酸锂电池充电原理如图4-4所示，正极上的锂分成锂离子（Li⁺）和电子（e⁻），e⁻在电场力的作用下通过外部电路跑到负极上。Li⁺从正极"脱嵌"进入电解质，"穿过"隔膜上弯弯曲曲的小洞，"嵌入"到晶体状结构负极，与外部跑过来的e⁻结合在一起，此时负极处于富锂状态。

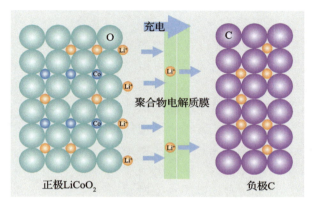

图4-4 电池充电

浅蓝色球—O　深蓝色小球—Co　橘黄小球—Li、Li⁺　紫色球—C

（2）放电

钴酸锂电池放电原理如图4-5所示，e⁻和Li⁺同时行动，e⁻从负极经过外电路跑到正极，Li⁺从晶状体结构负极"脱嵌"进入电解质，"穿过"隔膜上弯弯曲曲的小洞，"游泳"嵌入正极晶体空隙，与外电路过来的e⁻结合在一起，此时正极处于富锂状态。在充放电过程中，锂离子就像"坐摇椅"，亦称摇椅式电池。

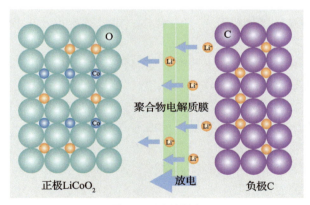

图4-5 电池放电

浅蓝色球—O　深蓝色小球—Co　橘黄小球—Li、Li⁺　紫色球—C

4.1.4 锂离子电池不能过充/放

根据锂离子工作原理，其最高充电电压应为4.2V，不能过充，否则正极材料中的

Li⁺拿走太多，会造成晶格坍塌，使电池损坏或寿命缩短，另外电解液将分解释放出气体，导致电池鼓胀。锂离子电池也不能过放，放电时必须保留一部分Li⁺在负极，以保证下次充电时L⁺能够畅通嵌入通道。锂离子的充电、放电过程都应高精度控制，否则会影响电池寿命，这是由锂离子电池的工作机理决定的。

4.2 动力电池

4.2.1 定义

蓄电池是一种将所获得的电能以化学能的形式储存并可以将化学能转变为电能的装置，可以重复充电和放电。动力蓄电池是为电动汽车动力系统提供能量的蓄电池，本书简称动力电池。动力电池包括锂离子电池、镍氢电池、超级电容等，不包括铅酸电池，目前我国纯电动汽车主要采用锂离子电池。动力电池的作用是储存和释放电能，动力电池安装在密封并且屏蔽的动力电池箱内，如图4-6所示，动力电池利用高压电缆与高压盒相连。

图4-6 动力电池

4.2.2 动力电池术语

单体：也称电芯，是构成动力电池模块的最小单元。单体额定电压也称标称电压，不同类型电池标称电压不同。

模块：一组并联单体的组合，如有3个模块称3P，只有一个模块称1P，是单体在物理结构和电路上连接起来的最小分组，可作为一个单元进行更换。模块额定电压与单体额定电压相等。

模组：由多个模块或单体串联成的组合体，模组额定电压=模块额定电压×串联模块个数。

电池包：由多个模组串联而成，若电池包的所有模组共有100个模块则称100S。电池包额定电压=模块额定电压×串联模块个数，或者等于所有模组额定电压相加。

额定容量：在环境温度为25℃±3℃条件下，充满电的电池以额定电流（或者额定功率）放电至终止电压时所释放的容量，单位为A·h。

额定能量：在环境温度为25℃±3℃条件下，充满电的电池以额定电流（或者额定功率）放电至终止电压时所释放的能量，单位为W·h，1度电等于1kW·h。

质量比能量（质量能量密度）：单位质量输出的能量，单位为W·h/kg。

体积比能量（体积能量密度）：单位体积输出的能量，单位为W·h/L。

充电终止电压（上限保护电压）：单体/模组/电池包正常充电时允许达到的最高充电电压值，单位为V。

放电终止电压（下限保护电压）：单体/模组/电池包正常放电时允许达到的最低放电电压值，单位为V。

开路电压：电池外电路在开路条件下的端电压。

循环寿命：在指定的充放电终止条件下，以特定的充放电制度进行充放电，动力电池在不能满足寿命终止标准前所能进行的循环数。

电池健康度（SOH）：当前电池相对于新电池存储电能的能力，用百分比表示。

4.2.3 动力电池警告等级

动力电池警告等级分为三级，1级最高，3级最低。

1级：表明动力电池功能已经丧失，请求其他控制器在1s内停止充电/放电，如果超过1s内未响应，BMS在2s后强行停止充电/放电，立即断开高压继电器。

2级：表明动力电池功能已经丧失，请求其他控制器停止充/放电；其他控制器应在60s内响应，如超过60s，则报上一级故障。

3级：表明动力电池性能下降，电池管理系统降低最大允许充/放电流。

4.3 动力电池系统

动力电池系统由电池箱外壳、电池包、电池管理系统（BMS）、辅助元器件四部分组成，如图4-7所示。

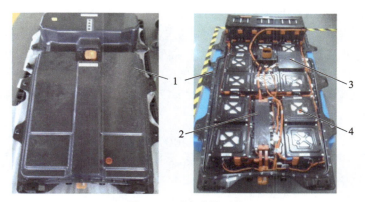

图4-7 动力电池系统

1—外壳 2—辅助元器件 3—BMS 4—模组

4.3.1 电池箱外壳

电池箱安装在车辆底板下方，下壳体材质为铸铝或钢板，上壳体材质为玻璃钢，上下壳体之间有密封胶，后端立面设有高压插接器、低压插接器；外壳上方装有维修开关，可在驾驶室内操作。

电器防尘防水性能等级标准由国际电工委员会（IEC）起草，简称IPXX，第一个X代表防尘（固态）等级，第二个X代表防水（液态）等级。国际标准规定电池箱防护等级为IP67，"6"表示完全防止外物灰尘进入；"7"表示保证浸入1m深度的水中，持续30min其性能不受影响，这个防护等级比较高，行驶中遇到下雨或过水坑都没有问题。

4.3.2 电池包

以北汽新能源 EV200 装备的电池包举例，其采用的磷酸铁锂电池，单体额定电压为 3.2V，连接方式为 1P100S，如图 4-8 所示。每个模块只有 1 个单体，10 个模块串联的模组有 4 个，12 个模块串联的模组有 5 个，电池包模块数 =10×4+12×5=100 个，电池包额定电压 =3.2V×100=320V。

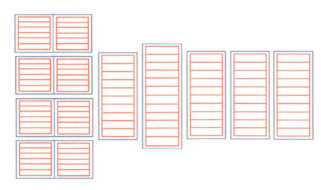

图 4-8 1P100S 电池包

电池包容量 = 模块容量 = 单体容量 × 并联单体个数

电池包能量 = 电池包额定电压 × 电池包容量

可以看出，并联单体的个数越多容量越大，串联模块的个数越多能量越大。例如 EV200 磷酸铁锂电池包额定电压为 320V，额定容量为 80A·h，电池包能量 =320V× 80A·h=25.6kW·h。

北汽新能源 EV200 纯电动汽车装备两种动力电池，见表 4-1，可以看出三元锂电池的各项性能均好于磷酸铁锂电池。

表 4-1 EV200 动力电池

项目	三元锂电池	磷酸铁锂电池
正极材料	三元锂	磷酸铁锂
额定电压 /V	332	320
电芯电压 /V	3.65	3.2
额定容量 /A·h	91.5	80
额定能量 /kW·h	30.4	25.6
连接方式	3P91S	1P100S
总质量 /kg	291	295
总体积 /L	240	240
工作电压范围 /V	250~382	250~365
质量能量密度 /（W·h/kg）	104	86
体积能量密度 /（W·h/L）	127	107

4.3.3 电池管理系统

(1) 电池管理系统组成

电池管理系统包括硬件和软件，硬件由主控盒、从控盒、高压监测盒、电压采集线、电流传感器、温度传感器、电池内部CAN总线等组成，如图4-9所示。软件由监测电压、监测电流、监测温度、监测绝缘电阻、荷电状态（State of Charge，SOC）估算等程序组成。

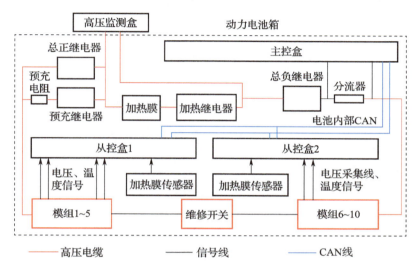

图4-9 电池管理系统框图

(2) 主控盒作用

如图4-10所示，主控盒作用主要有：①接收从控盒发来的实时模块电压和模组温

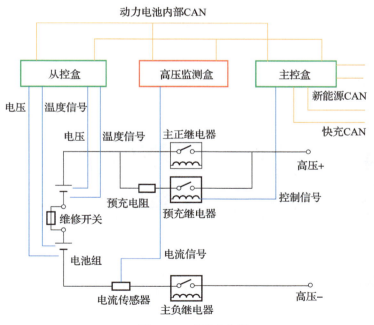

图4-10 主控盒作用

度，并计算最大值和最小值；②接收高压监测盒发来的总电压和总电流；③通过新能源CAN与VCU、充电机等通信，通过快充CAN与直流充电桩、数据采集终端通信；④控制充放电电流（执行部件是车载充电机、直流快充桩和电机控制器）；⑤控制动力电池加热。

（3）从控盒作用

从控盒亦称作电池信息采集盒，如图4-11所示，从控盒作用主要有：①实时监控每个模块电压；②实时监测每个模组的温度；③监测SOC值；④将以上监测到的数据传送给主控盒。

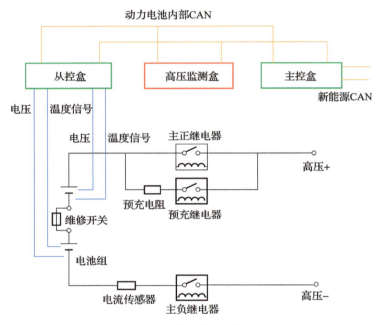

图4-11 从控盒作用

主控盒大多安装在电池箱内，也有的安装在电池箱外。安装在电池箱内的，采取1主N从，称作分布式；主从合一称作集中式，如图4-12所示，集中式如线束破损则容易产生安全隐患，进而使BMS短路甚至烧毁。

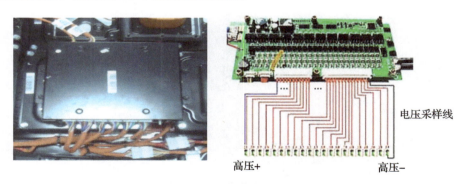

图4-12 集中式BMS

(4)高压监测盒作用

如图 4-13 所示,高压监测盒作用主要有:①监测动力电池总电压,包括主继电器的内外四个监测点(主正继电器内、主正继电器外、主负继电器内、主负继电器外);②监测充放电电流;③监测高压系统绝缘性(后续介绍);④监测高压连接情况;⑤将以上监测到的数据传送给主控盒。

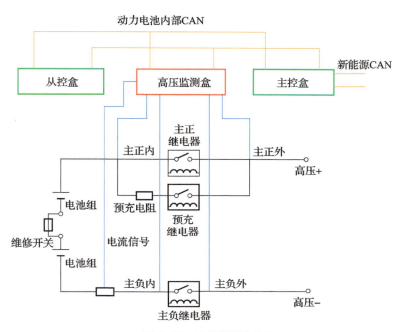

图 4-13 高压监测盒作用

4.3.4 辅助元器件

辅助元器件如图 4-14 所示,包括动力电池系统内部的电子电器元件:主正继电器、预充继电器、预充电阻、主负继电器、高压熔断器、加热继电器、加热熔断器、电流传感器、高压插座、低压插座等。

图 4-14 辅助元器件

1)主正继电器,如图 4-15 所示,由 BMS 控制,作用是接通/断开动力电池正极。
2)预充继电器、预充电阻,如图 4-16 所示,由 BMS 控制,作用是接通/断开动力电池预充正极。预充电阻一般为100Ω，目的是通入小电流，预充电时检测单体电池有无短路；上电时先用小电流给电机控制器和电动压缩机控制器的电容器充电，因为电容器在充电开始时处于短路状态。

图4-15 主正继电器

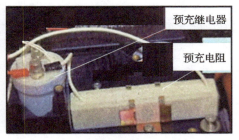

图4-16 预充继电器、预充电阻

3）主负继电器，由整车VCU控制，接通/断开动力电池负极。

4）高压熔断器，如图4-17所示，作用是防止放电过电流，防止能量回收过电流。内部是银熔断片和石英砂，具有快速熔断的特点，一般规格为250A 500V。直流熔断器不同于交流熔断器，交流电正弦波交替传导，每周波有一个过零点，此时电量值最低电弧容易熄灭。直流电是一恒定电压，当出现短路故障时，可依靠熔断片迅速熔化和石英砂扩散吸附和冷却熄灭电弧。带有维修开关的纯电动汽车，高压熔断器安装在维修开关内，方便更换。

 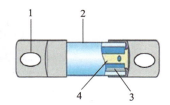

图4-17 高压熔断器

1—铜接线片　2—陶瓷外壳　3—石英砂　4—银或铜熔断片

5）电流传感器，有分流器和霍尔式传感器两种，如图4-18所示。分流器是一个阻值很小的电阻，当有直流电通过该电阻时产生电压降，根据欧姆定律，电流=电压/电阻，就可计算出电流值。霍尔式传感器是半导体材料制成的磁电转换器件，高压电缆穿过该器件时，电缆周围产生磁场；传感器输入端通入电流，输出端产生与高压电缆电流成比例的霍尔电势，就可计算出电流值。

图4-18 电流传感器

A—分流器　B—霍尔式传感器

6）加热继电器与加热熔断器，如图4-19所示。加热继电器与加热熔断器用于加热锂电池，尤其是磷酸铁锂电池，该电池低温充放电性能差，低温时如不加热充电或放电，就会降低电池循环寿命。电池箱正常温度范围0~55℃，在0℃以下BMS指令加热继电器闭合，电流通过电池箱中的加热元件对电池加热。比亚迪公司采用磷酸铁锂电池车辆，设有电池包热管理系统，请见第8章辅助系统。

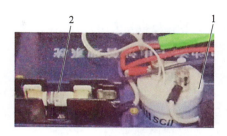

图4-19　加热继电器与加热熔断器

1—加热继电器　2—加热熔断器

7）高压插座，用来连接通往高压盒的高压电缆，EV200纯电动汽车高压插座如图4-20所示，插孔1为高压-，插孔2为高压+。

8）低压插座，用来连接低压线束，EV200低压插座如图4-21所示，低压插座各端子含义见表4-2。

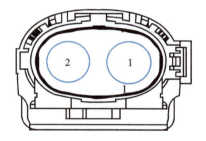

图4-20　高压插座

1—高压-　2—高压+

图4-21　低压插座

表4-2　低压插座各端子含义

端子号	含义	走向	端子号	含义	走向
A	空	—	M	空	—
B	12V正电	来自熔丝盒	N	新能源CAN屏蔽	搭铁
C	唤醒信号	来自VCU	P	新能源CAN-H	连接到VCU、压缩机、充电机、数据采集终端、MCU、高压盒、EPS、AC
D	空	—	R	新能源CAN-L	
E	空	—	S	快充CAN-H	连接到快充口、数据采集终端
F	主负继电器线圈	来自VCU	T	快充CAN-L	
G	12V负电	搭铁	U	动力电池CAN-H	未用
H	继电器正极供电	来自熔丝盒	V	动力电池CAN-L	未用
J	继电器负极供电	搭铁	W	动力电池CAN屏蔽	搭铁
K	空	—	X	空	—

动力电池箱接线图，如图 4-22 所示。

4.4 BMS 控制原理

4.4.1 BMS 功能

BMS（Battery Management System）是保护和管理电池的核心部件，相当于人的大脑，不仅要保证电池安全可靠的使用，而且要充分发挥电池的能力和延长使用寿命。

1）控制预充继电器、主正继电器。通过继电器触点闭合与断开，完成动力电池的预充、充电、上电、下电等程序。

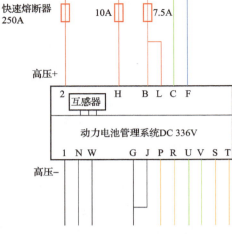

图 4-22 动力电池箱接线图

2）数据采集。①高压监测盒采集动力电池总电压、动力电池总电流；②从控盒采集每个单体（模块）电压、每个模组的温度。

3）状态分析。①电池剩余电量（SOC）评估，让驾驶人了解续驶里程，方法有电荷计量法、断路电压法、卡尔曼滤波法、人工神经网络法、模糊逻辑法；②电池健康度（SOH）评估，评估电池健康（老化）程度、温度对电流影响，供评估 SOC 参考。

4）热管理。①在低温情况下对电池包加热；②电池自身有内阻，电流流动产生热量，热量累积温度升高，超出正常温度后会影响电性能和寿命，BMS 监测各模组温度，通过冷却液循环或通风散热。

5）安全保护。①过电流保护，电流超过安全范围，采取安全保护；②过充电保护，充电电压高于上限时，BMS 断开充电回路；③过放电保护，放电电压低于下限时，BMS 断开放电回路；④过温保护，温度高于或低于正常范围时，禁止充、放电；⑤绝缘监测，BMS 实时监测高压正、高压负与车身搭铁的绝缘电阻，如低于安全范围，则断开高压电并发出警告。

4.4.2 充电方式

（1）快充电

BMS 通过快充 CAN 连接直流快充桩、数据采集终端、诊断接口。插上快充枪后，BMS 将充电需求传送至直流快充桩，由直流快充桩调节充电电流，快充电过程需要 30~45min（常温 25℃，SOC 由 20%→80%）。

（2）慢充电

BMS 通过新能源 CAN 连接 VCU、驱动电机控制器、车载充电机、DC/DC 控制器、PTC 控制器、电动压缩机控制器、诊断接口。早期有些车型的 BMS 通过慢充总线连接车载充电机、数据采集终端。插上慢充枪后，VCU 唤醒 BMS，将其由睡眠状态转为工作状态，VCU 接通电池箱内的主负继电器，BMS 先接通预充继电器，再接通主正继电器而断开预充继电器。BMS 根据动力电池总电压、模块电压、模组温度，由充电机调节充电电流，慢充电过程需要 8~10h（常温 25℃，SOC 由 0% → 100%）。

4.4.3 充电前加热

从控盒测量每个模块实时温度，反馈给主控盒，如低于设定值，主控盒指令加热继电器闭合，高压电流通过熔断器和加热膜。

1）慢充加热回路，如图 4-23 所示：交流充电桩→车载充电机→高压 + →加热继电器触点→熔断器→加热膜→高压 – →车载充电机→交流充电桩。

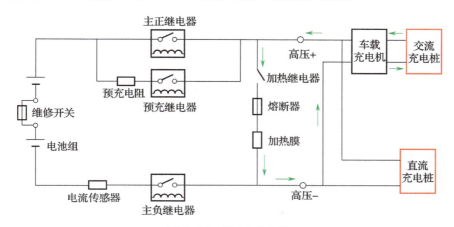

图 4-23　慢充加热回路

2）快充加热回路，如图 4-24 所示：直流充电桩→高压 + →加热继电器触点→熔断器→加热膜→高压 – →直流充电桩。

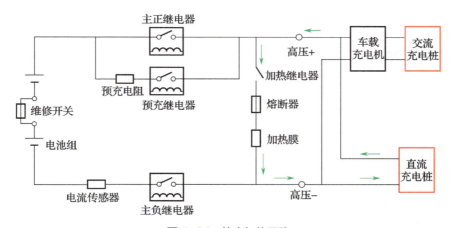

图 4-24　快充加热回路

4.4.4 预充电

慢充预充电回路，如图 4-25 所示：交流充电桩→车载充电机→高压 + →预充继电器触点→预充电阻→电池组→维修开关（内有熔断器）→电池组→电流传感器→主负继电器触点→高压 – →车载充电机→交流充电桩。快充预充电则是由直流充电桩提供电源。

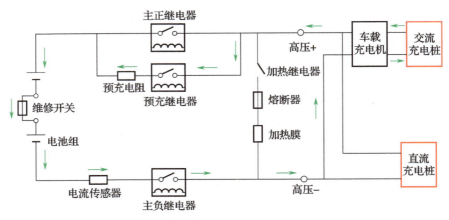

图 4-25 慢充预充电回路

4.4.5 充电

1）慢充回路，如图 4-26 所示：交流充电桩→车载充电机→高压+→主正继电器触点→电池组→维修开关（内有熔断器）→电池组→电流传感器→主负继电器触点→高压−→车载充电机→交流充电桩。

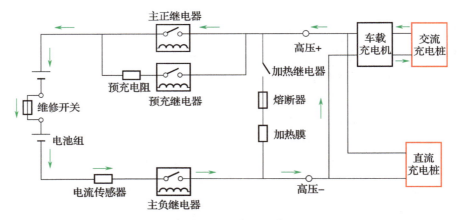

图 4-26 慢充回路

2）快充回路，如图 4-27 所示：直流充电桩→高压+→主正继电器触点→电池组→维修开关（内有熔断器）→电池组→电流传感器→主负继电器触点→高压−→直流充电桩。

4.4.6 上电

1）预上电回路。打开点火开关，VCU 收到 15 号信号唤醒 BMS；BMS 自检、初始化，将结果上报 VCU；VCU 发出电流给主负继电器，主负继电器触点闭合。因电机控制器、电动压缩机控制器内有电容器，BMS 首先对电容预放电，然后闭合预充继电器。预上电回路如图 4-28 所示：动力电池+→预充电阻→预充继电器触点→高压+→负载→高压−→主负继电器触点→电流传感器→动力电池−。

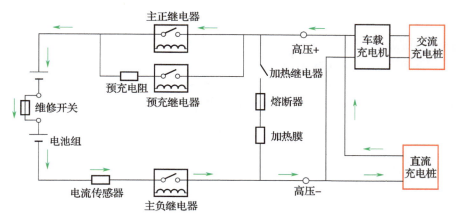

图 4-27 快充回路

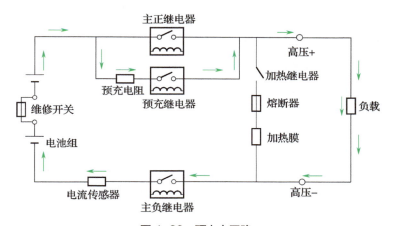

图 4-28 预上电回路

2）上电回路。当电容电压等于动力电池电压时，BMS 闭合主正继电器，断开预充继电器。上电回路如图 4-29 所示：动力电池 + →主正继电器触点→高压 + →负载→高压 - →主负继电器触点→电流传感器→动力电池 - 。

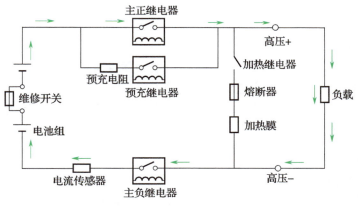

图 4-29 上电回路

4.4.7 绝缘监测

绝缘监测回路，如图 4-30 所示：①电池正监测回路，动力电池 + →绝缘监测电阻 R_1 →主正绝缘监测继电器 S_1 →搭铁；②电池负监测回路，动力电池 - →绝缘监测电阻 R_2 →主负绝缘监测继电器 S_2 →搭铁。BMS 分别指令 S_1、S_2 闭合，分别测得电压 U_1、U_2，以及高压总电压 $U_总$，将这三者代入公式计算，计算出高压 + 与搭铁的绝缘电阻、高压 - 与搭铁的绝缘电阻，然后判断绝缘性能是否正常。

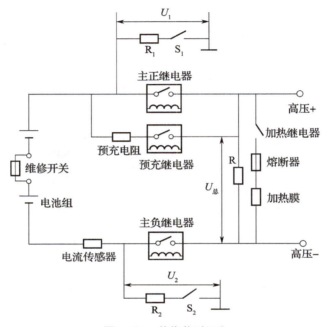

图 4-30 绝缘监测回路

R_1、R_2—绝缘监测电阻　U_1、U_2—监测电压　R—电压传感器　$U_总$—高压总电压

4.5 动力电池均衡技术

4.5.1 单体电量不一致性

（1）不一致性的危害

虽然每个单体电池（电芯）的规格相同，但是随着循环充放电次数增加和工作环境变化，各单体的电压、内阻、容量会存在差别，单体之间的性能差异在电池整个生命周期中不可避免。充放电过程中的不一致性会导致单体由于过充、过放而提前失效，这不仅会缩短动力电池的使用寿命，而且会因单体的内阻增大和有效活性物质减少，使充放电能量转换效率和输出功率降低，并导致电动汽车的动力性下降。

（2）均衡后电量提升

一个串联 14 个单体的模组如图 4-31 所示，每个矩形表示每个单体的电量，长度不同说明电量不一致。先看均衡前电量，从左数第 10 个单体已达到放电终止电压（下限保护电压）和下限电量，其他单体还未达到放电终止电压和下限电量，但是为了不使第10个单体过放电而损坏，这时不允许模组（整个电池包）再放电，这就是木桶原理，有一块短板就会减少盛水量。再看均衡后的电量，各个矩形长度增加了，说明各单体电量增加。总之，均衡前电池总电量减小，均衡后电池总电量增加。

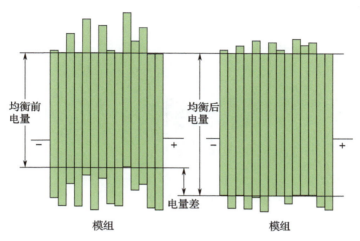

图 4-31　均衡前后各单体的电量

动力电池包充电时，SOC 按照最高单体电压计算，放电时按照最低单体电压计算。图 4-31 是将 SOC 的顶端对齐，表 4-3 中的数据说明了均衡前后的充电后静置电压、放电后静置电压、偏差、充电后为新电池 SOC 的百分比。

表 4-3　均衡前后的电压和 SOC 对比

名称		充电后静置电压 /V	放电后静置电压 /V	充电后为新电池 SOC 的百分比
均衡前	平均值	4.104	3.512	92.2
	偏差	0.047	0.107	
均衡后	平均值	4.120	3.370	96.6
	偏差	0.025	0.031	

（3）电池均衡技术分类

动力电池均衡技术就是利用电子技术，使单体电压偏差保持在预期的范围内，从而保证每个单体在正常使用时不发生损坏。电池均衡包括：主动均衡（电量高的单体向电量低的单体转移）、被动均衡（电量高的单体放电）。主动均衡又分：集中式均衡（共用一个均衡器）、分布式均衡（每个模组一个均衡器）。目前，部分电动汽车的 BMS 管理系统带有电池均衡功能，但由于该系统的复杂性以及成本控制限制，并没有在所有电动汽车上得到普及。

4.5.2　主动均衡

（1）主动均衡原理

BMS 利用算法执行的均衡称为主动均衡，也称无损均衡，不损失动力电池包的电能。

主动均衡的电路中设有电容器 C1~C4，电容器是电能传递的容器，电容通过其控制开关交替与相邻两个单体连接，接受电压高的单体的充电，向电压低的单体放电，直到各单体的电压趋于一致。如图 4-32 所示，受 BMS 控制 K1、K2 分别接通触点 a，单体 B1 对电容 C1 充电，电流流向用红色箭头表示。K4、K5 分别接通触点 b，单体 B5 对电容 C4 充电，电流流向用绿色箭头表示。此时单体 B2、B3、B4 的串联电压对 C2、C3 充电（未画电流箭头）。

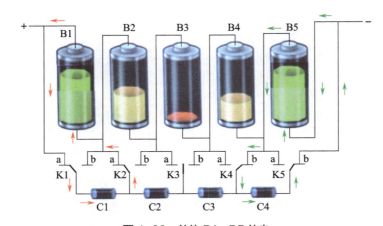

图 4-32　单体 B1、B5 放电

B1~B5—单体电池　C1~C4—电容器　K1~K5—开关

如图 4-33 所示，受 BMS 控制 K1、K2 分别接通触点 b，电容 C1 对单体 B2 充电，电流流向用红色箭头表示。K4、K5 分别接通触点 a，电容 C4 对单体 B4 充电，电流流向用绿色箭头表示。此时电容 C2、C3 的串联电压对单体 B3 充电（未画电流箭头）。

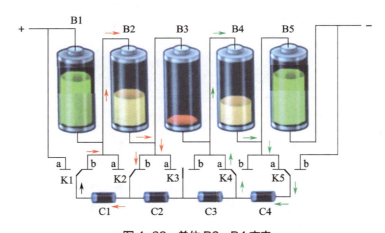

图 4-33　单体 B2、B4 充电

B1~B5—单体电池　C1~C4—电容器　K1~K5—开关

（2）车辆在 4S 店均衡

车辆在 4S 店均衡是指车主将车辆开到 4S 店，维修人员连接诊断仪到诊断接口，读出各单体电压，如图 4-34 所示，随后开始均衡，通过动力电池箱内的集中式或分布式均衡器，将电量高单体的电量转移到电量低的单体。

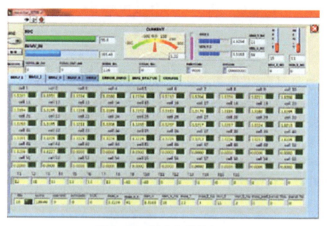

图 4-34　读出各单体电压

（3）车辆自身均衡

以特斯拉汽车为例，其自身均衡步骤：①车辆通过空中下载技术（Over-The-Air technology，OTA）将软件升级为 2020.44.15 或更高的版本；②车主将电量使用至 10% 以下，关闭所有用电功能（包括哨兵模式和温度保持功能）；③车辆静置 3h 以上，在静置的过程中不要远程连接车辆；④动力电池充电至 100% 电量。

4.5.3　被动均衡

（1）被动均衡原理

被动均衡也称有损均衡，是指利用电阻器，将电量高的单体通过电阻放电而消耗电量，以减小各单体电量和电压的偏离。适用于 BMS 不带有主动均衡功能的车辆，需要将车辆开到 4S 店完成，耗时大约 4~6h。对于 BMS 带有主动均衡功能，但均衡后没有恢复到应有电量的车辆，也需要到 4S 店做被动均衡。如图 4-35 所示，电路中设有电阻

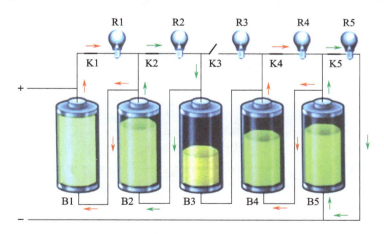

图 4-35　B1、B2、B4、B5 放电

B1~B5—单体电池　K1~K5—开关　R1~R5—电阻

R1~R5，单体 B3 电压最低，将开关 K1、K2、K4、K5 闭合，单体 B1、B2、B4、B5 被电阻 R1、R2、R4、R5 消耗能量，哪一个单体放电到 B3 电压则关闭对应的开关，直到所有单体电压趋于一致。

（2）电池均衡维护仪

电池均衡维护仪如图 4-36 所示，作用是电池被动均衡，其特点：①适用三元锂、磷酸铁锂、锰酸锂、钛酸锂电池；②触摸屏显示单体的参数状态；③电压精度为 1mV，电流最大为 10A；④智能化，可自动识别模组的串联单体数，自动累计维护电量，实时检测并监控单体电压，支持无人值守工作模式，支持手机终端操作；⑤工作模式灵活多变，支持串联、并联或独立工作模式；⑥具有兼容性，可扩展与其他设备协同工作；⑦数据以电子表格的形式存储到本机及云端；⑧模块化设计，安全隔离，防护等级高。

图 4-36　电池均衡维护仪

1—连接模组的插座　2—触摸显示屏　3—散热风扇

（3）被动均衡操作方法

1）抬下动力电池箱，拆下动力电池箱上盖（图 4-37）。

2）从分控盒上确认需维护模组的线束插头，拔开插头（图 4-38）。

图 4-37　拆下动力电池箱上盖

图 4-38　确认需维护模组的线束插头

3）检查均衡维护仪外观及选择模组线束（图 4-39）。

4）均衡维护仪在关闭状态，连接模组到均衡维护仪之间线束（图 4-40）。

5）打开均衡维护仪，点击"设备参数设置"，进入设备参数设置界面，此时会弹出输入密码界面，预设有两个用户：操作员密码为 8888，进入后可设置高级功能之外的所有功能；工程师密码为 5678，进入后可设置高级功能。

6）根据车辆电池参数进行设置，如果未进行设置则执行默认值，见表 4-4。

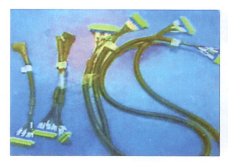
图 4-39 选择模组线束

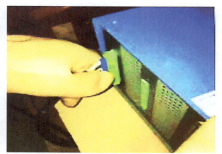
图 4-40 连接线束到均衡维护仪

表 4-4 参数默认值

参数名称	说明	三元锂电池	磷酸铁锂电池	钛酸锂电池
截止电压 /V	电池维护完成达到电压	4.125	3.500	2.700
过电压保护 /V	电池电压超过此值，充电将停止	4.200	3.700	2.800
欠电压保护 /V	电池电压低于此值，充电将停止	2.500	2.000	1.800

7）按住"一键启动"按钮 4~5s，按钮绿色指示灯点亮，系统进行均衡维护工作。面板上有"供电"和"状态"两个绿色指示灯，正常工作时两个指示灯均点亮，出现供电问题时"供电"指示灯熄灭，出现故障时"状态"指示灯熄灭。

自测题

一、判断题

1．特斯拉采用的 18650 钴酸锂电芯，是直径 65mm、长度 18mm 的圆柱形硬包电池。（　　）

2．磷酸铁锂电池标称电压为 3.7V，正常电压为 3.2~4.2V；三元锂电池标称电压为 3.2V，正常电压为 2.7~3.7V。（　　）

3．锂离子电池不能过充电，否则正极材料 Li^+ 拿走太多，晶格坍塌导致电池损坏以及影响寿命。（　　）

4．锂离子电池不能过放电，必须保留一部分 Li^+ 在负极，以保证下次充电时 Li^+ 能够畅通嵌入通道。（　　）

5．单体并联组成模块，模块串联组成模组，模组串联组成电池包。（　　）

6．额定容量是指在环境温度为 25℃ ±3℃ 条件下，充满电的电池以额定电流放电至终止电压时所释放的容量，单位 kW·h。（　　）

7．额定能量是指在环境温度为25℃±3℃条件下，充满电的电池以额定电流放电至终止电压时所释放的能量，单位A·h。（   ）

8．国际标准规定电池箱防护等级IP67，"6"表示防止外物灰尘进入，"7"表示浸入1m深的水中30min性能不受影响。（   ）

二、单选题

1．某磷酸铁锂电池包，额定容量为80A·h，电芯电压为3.2V，连接方式为1P100S，该电池包额定能量是（   ）kW·h。
　　A．0.08　　　　　B．0.256　　　　　C．25.6　　　　　D．26.5

2．磷酸铁锂电池正常工作温度是（   ）。
　　A．-5~50℃　　　B．0~50℃　　　　C．0~55℃　　　　D．5~55℃

3．快充电过程需要30~45min，动力电池的SOC由20%充到（   ）。
　　A．60%　　　　　B．70%　　　　　C．80%　　　　　D．90%

4．BMS利用算法执行的均衡称为（   ）。
　　A．主动均衡　　　B．被动均衡　　　C．集中式均衡　　D．分布式均衡

三、多选题

1．电池单体由（   ）等组成。
　　A．正极　　　　　B．负极　　　　　C．电解液
　　D．隔膜　　　　　E．外壳

2．锂离子电池可按正极材料进行分类，其正极材料有（   ）。
　　A．钴酸锂　　　　B．锰酸锂　　　　C．镍酸锂
　　D．三元锂　　　　E．磷酸铁锂

3．某电池包连接方式为3P91S，是指（   ）。
　　A．3个电芯并联　B．3个电芯串联　C．91个模块并联
　　D．91个模块串联　E．3个电芯并联、91个模块串联

4．电池管理系统由（   ）、电流传感器、温度传感器、电池内部CAN总线等组成。
　　A．BMS　　　　　B．从控盒　　　　C．高压监测盒
　　D．电压采集线　　E．电机控制器

第 5 章 充电系统

5.1 概述

5.1.1 快充系统

快速充电系统如图 5-1 所示，动力电池 SOC 降到 20% 需要充电，充电电流约 1.2C，30~45min 可充至容量的 80%，属于低中倍率充电，不建议长期采用快充电。快充系统主要高压部件：直流充电桩（车外部件）、快充口、高压盒、动力电池。快充系统主要低压部件：BMS、分控盒、电压采集线、电流传感器、温度传感器。BMS 通过快充 CAN 将动力电池充电接受能力的数据发送至直流充电桩，充电桩对充电电流进行控制。

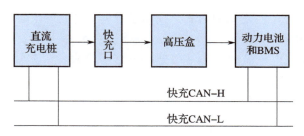

图 5-1 快充系统

5.1.2 慢充系统

慢速充电系统如图 5-2 所示，室温（25℃）下 SOC 由 0% 充至 100% 需要 8~10h，建议长期采用慢充电。慢充系统主要高压部件：交流充电桩（车外部件）、慢充口、车载充电机、高压盒、动力电池。慢充系统主要低压部件：BMS、分控盒、电压采集线、电流传感器、温度传感器、VCU。BMS 通过新能源 CAN 将动力电池充电接受能力的数据发送至车载充电机，车载充电机对充电电流进行控制。

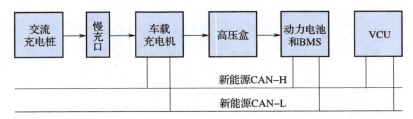

图 5-2　慢充系统

5.1.3　回馈能量系统

回馈能量（再生电能）系统如图 5-3 所示，其作用是当车辆减速或制动时将惯性动能转化为电能给动力电池充电。回馈能量系统的主要高压部件：驱动电机、电机控制器、高压盒、动力电池。回馈能量系统的主要低压部件：BMS、分控盒、电压采集线、电流传感器、温度传感器、VCU。BMS 通过新能源 CAN 将动力电池充电接受能力的数据发送电机控制器，电机控制器对充电电流进行控制。

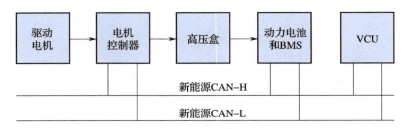

图 5-3　回馈能量系统

5.1.4　充电系统术语

荷电状态（SOC）：也称剩余电量，荷电状态是指当前蓄电池中按照规定放电条件可以释放的容量占完全充电容量的百分比。荷电状态 =（电池剩余容量/完全充电容量）×100%，取值范围为 0%~100%。

充放电倍率：充放电电流的大小常用充放电倍率 C 表示，充放电倍率 = 充放电电流/额定容量。例如额定容量为 100A·h 的电池用 20A 充电，其充电倍率 =20/100=0.2C。

涓流充电：充电倍率 < 0.1C。

慢速充电：充电倍率 0.1C~0.2C。

快速充电：充电倍率 0.2C~0.8C。

高速充电：充电倍率 > 0.8C。

恒流充电法：保持充电电流强度不变的充电方法，用于充电第一阶段，防止电池过热和充电器烧毁。

恒压充电法：保持充电电压不变的充电方法，用于充电第二阶段，当电池容量充到 80% 时，用恒定电压继续充电至终止电压。

握手信号：在数字电路中，设备甲和设备乙交换信息（通信），双方采用某个通信规范（协议）来交换数据，它们的联络过程称作"握手"，用来联络的信号称作"握手信号"。

使能信号：与触发信号类似，是电路或者元器件工作的开关，通过使能信号可打开或关闭集成电路（IC）中的某个功能。

5.2 高压盒

5.2.1 高压盒作用

高压盒也称高压控制盒，作用是负责高压电的输入、分配及输出，执行支路用电器的通断及过电流保护。

5.2.2 高压盒组成

以 EV200 电动汽车为例，高压盒的外部如图 5-4 所示，一端连接快充线束、低压控制线束，另一端连接动力电池线束、电机控制器线束、高压附件线束。

图 5-4　高压盒外部

1—快充高压线束插座　2—低压控制线束插座　3—高压盒
4—动力电池线束插座　5—电机控制器线束插座　6—高压附件线束插座

高压盒的内部如图 5-5 所示，上层装有熔断器、PTC 控制器主板，下层装有快充正、快充负继电器。有的车辆将 PTC 控制器安装在电动压缩机控制器内，也有的车辆将 PTC 控制器单独安装。

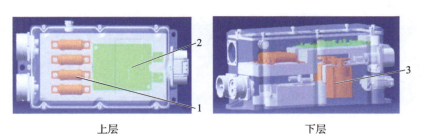

上层　　　　　　　　　下层

图 5-5　高压盒内部

1—熔断器　2—PTC 控制器主板　3—快充正、快充负继电器

高压盒熔断器如图 5-6 所示，"1"是 PTC 熔断器，"2"是电动压缩机熔断器，"3"是 DC/DC 熔断器，"4"是车载充电机熔断器。

图 5-6 高压盒熔断器

1—PTC 熔断器　2—电动压缩机熔断器　3—DC/DC 熔断器
4—车载充电机熔断器　5—PTC 控制器主板

5.2.3 高压盒接线图

高压盒接线图如图 5-7 所示，直流高压电经过快充高压线束插座 2 进入高压盒后，通过快充高压正继电器 4、快充高压负继电器 5 连接高压 +、高压 - 母线排。母线排通往动力电池线束插座 13、电机控制器线束插座 12。高压 + 母线通过 PTC 熔断器 7 通向 PTC 控制器 6。高压 + 母线排分别通过 3 个熔断器 8、9、10 通向高压附件线束插座 11，再通过高压附件线束将直流高压电送至车载充电机、电动空调压缩机、PTC 加热器。

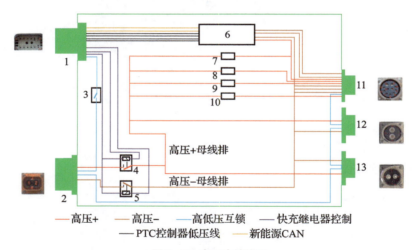

图 5-7 高压盒接线图

1—低压控制线束插座　2—快充高压线束插座　3—高压盒盖开关　4—快充高压正继电器
5—快充高压负继电器　6—PTC 控制器　7—PTC 熔断器　8—电动压缩机熔断器
9—DC/DC 熔断器　10—充电机熔断器　11—高压附件线束插座
12—电机控制器线束插座　13—动力电池线束插座

高低压互锁线由低压控制线束插座 1 进入高压盒，串联通过高压盒盖开关 3、快充高压线束插座 2、动力电池线束插座 13、电机控制器线束插座 12、高压附件线束插座 11，然后引出串联其他高压插座。快充继电器线圈的一端是正电源，当点火开关打到 ON 档时供电，另一端连接控制线，通往 VCU。PTC 控制器 6 连接 4 条低压线，分别为 12V 供电线、搭铁线，以及 PTC 温度传感器的两条线。

5.2.4 高压盒插座定义

高压盒的外壳上共有 4 个高压插座，1 个低压插座，各插座的定义见表 5-1。

表 5-1 高压盒插座定义

插座名称	插座形状	定义	
快充高压线束插座		1	直流高压负
		2	直流高压正
		3	互锁信号线
		4	互锁信号线（到高压盒盖开关）
动力电池线束插座		A	直流高压负
		B	直流高压正
		C	互锁信号线
		D	互锁信号线
电机控制器线束插座		A	直流高压负
		B	直流高压正
		C	互锁信号线
		D	互锁信号线
高压附件线束插座		A	DC/DC 直流高压正
		B	PTC 直流高压正
		C	压缩机直流高压正
		D	PTC 的 A 组直流高压负
		E	充电机直流高压正
		F	充电机直流高压负
		G	DC/DC 直流高压负
		H	压缩机直流高压负
		J	PTC 的 B 组直流高压负
		K	未用
		L	互锁信号线
低压控制线束插座		1	快充正、负继电器线圈正极
		2	快充高压负继电器线圈控制线
		3	快充高压正继电器线圈控制线
		4	空调继电器线圈正极
		5	空调继电器线圈控制线
		6	PTC 控制器 GND
		7	PTC 控制器 CAN-L
		8	PTC 控制器 CAN-H
		9	PTC 温度传感器负极
		10	PTC 温度传感器正极
		11	互锁信号线，接车载充电机

5.2.5 线束插头定义

与高压盒连接的共有三条高压线束,各高压线束插头的定义如下。

1)快充线束:快充口连接到高压盒的线束以及与快充口相连接的低压线束,如图 5-8 所示,快充线束两端插头定义见表 5-2。

图 5-8 快充线束

表 5-2 快充线束两端插头定义

插头名称	插头形状		定义
快充口端插头		DC-	直流高压负
		DC+	直流高压正
		PE	保护地线(车身搭铁)
		A-	快充唤醒信号线负极
		A+	快充唤醒信号线正极
		CC1	充电连接确认
		CC2	充电连接确认
		S+	快充 CAN-H
		S-	快充 CAN-L
高压盒端插头		1	直流高压负
		2	直流高压正
		中间	互锁插头
低压线束插头		1	A-(快充唤醒信号线负极)
		2	A+(快充唤醒信号线正极)
		3	CC2(充电连接确认)
		4	S+(快充 CAN-H)
		5	S-(快充 CAN-L)

2)动力电池线束:高压盒连接到动力电池的线束,如图 5-9 所示,动力电池线束两端插头定义见表 5-3。

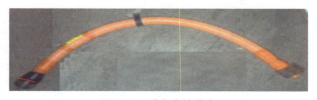

图 5-9 动力电池线束

表5-3 动力电池线束两端插头定义

插头名称	插头形状		定义
高压盒插头		A	直流高压负
		B	直流高压正
		C	互锁线短接
		D	互锁线短接
动力电池端插头		1	直流高压负
		2	直流高压正
		3	互锁线短接
		4	互锁线短接

3）电机控制器线束：高压盒连接到电机控制器的线束，如图5-10所示，电机控制器线束两端插头定义见表5-4。

图5-10 电机控制器线束

表5-4 电机控制器线束两端插头定义

插头名称	插头形状		定义
高压盒端插头		A	直流高压负
		B	直流高压正
		C	互锁线短接
		D	互锁线短接
电机控制器端插头		Y	高压正
		Z	高压负

4）高压附件线束：由高压盒分别通往DC/DC、车载充电机、电动压缩机、PTC的线束，如图5-11所示，高压附件线束插头定义见表5-5。

图5-11 高压附件线束
1—高压盒 2—PTC 3—DC/DC 4—电动压缩机 5—车载充电机

表 5-5 高压附件线束插头定义

插头名称	插头形状		定义
高压盒插头		A	DC/DC 直流高压正
		B	PTC 直流高压正
		C	压缩机直流高压正
		D	PTC-A 组直流高压负
		E	充电机直流高压正
		F	充电机直流高压负
		G	DC/DC 直流高压负
		H	压缩机直流高压负
		J	PTC-B 组直流高压负
		K	未用
		L	互锁信号线
车载充电机插头		A	直流高压负
		B	直流高压正
		C	互锁插头
		D	
DC/DC 插头		A	直流高压负
		B	直流高压正
		1	互锁信号输入
		2	互锁信号输出
电动压缩机插头		1	直流高压正
		2	直流高压负
		中间	互锁插头
PTC 插头		1	PTC-A 组直流高压负
		2	PTC-B 组直流高压负
		3	直流高压正
		4	未用

5.3 快充系统

5.3.1 快充系统作用

快充系统的作用：直流充电桩（充电站）输入 380V 三相交流电或 220V 单相交流电，整流器采用高频开关电路将其转换成直流电，通过快充线给动力电池充电。

快充的操作步骤：直流充电桩的输入端连接交流电网，输出端连接快充线，将充电枪插入车辆快充口，打开直流充电桩上的人机交互操作界面，使用国家电网充电卡、手机 e 充电 APP、e 充电账号等，设置相应的充电方式、充电时间、打印费用单等。

5.3.2 快充系统组成

快充系统由车辆外部设备和车辆内部设备组成。车辆外部设备：直流充电桩、快充线、快充枪。车辆内部设备：快充口、快充高压线束、高压盒、动力电池高压线束、动力电池、BMS、分控盒、电压采样线、电流传感器、温度传感器等。

（1）直流充电站

直流充电站具有多台直流充电桩，可同时为多辆电动汽车充电，如图 5-12 所示。

图 5-12 直流充电站

（2）直流充电桩

直流充电桩分为一体式、分体式和便携式。充电桩与充电设备集成的称为一体式，充电桩与充电设备分开的称为分体式，安装了轮子能够移动的称为便携式，如图 5-13 所示。充电线一端连接固定在直流充电桩，另一端是直流充电枪。

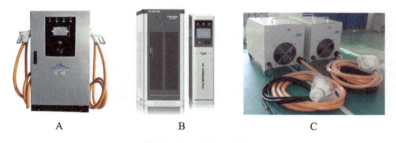

图 5-13 直流充电桩

A——一体双枪式　B——分体式　C——便携式

（3）直流充电枪

直流充电枪上装有机械锁和电子锁，由充电桩控制单元控制与监测，而不是由车辆控制单元控制与监测。如图 5-14 所示，供电线将电压加到电子锁线圈，反馈开关向充电桩控制单元报送充电枪电子锁是锁住还是释放。

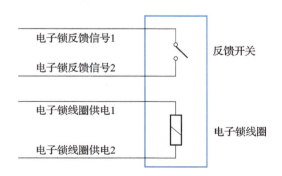

图 5-14 直流充电枪电子锁控制原理

（4）快充插口

为缩短快充口与高压盒之间的距离，快充口一般位于发动机舱盖车标的里面，也有的设置在别的位置。当按动车内的盖板打开按钮时，仪表板上的指示灯点亮，快充口盖板打开；盖板关闭后指示灯熄灭。快充口盖板有高压警告标识，禁止触碰，如图5-15所示。

图 5-15 快充口警告标识

5.3.3 快充 CAN 总线系统

快充 CAN 总线系统如图 5-16 所示，连接的模块有 BMS、快充口（通往直流充电桩控制单元）、数据采集终端、故障诊断接口（可连接故障诊断仪）。终端电阻安装在 BMS 和数据采集终端内部的 CAN-H 和 CAN-L 之间，作用是吸收 CAN 信号反射回波。每个终端电阻为 120Ω，CAN-H 和 CAN-L 之间的电阻是两者的并联值，为 60Ω。

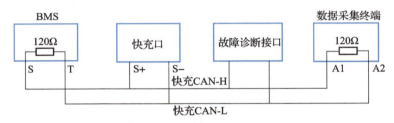

图 5-16 快充 CAN 总线系统

5.3.4 快充系统电路图

如图 5-17 所示，快充口有两个高压端子：DC+、DC-，DC+ 经过快充高压正继电器，

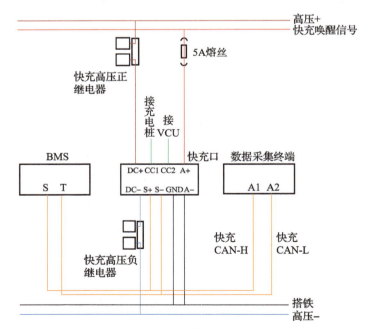

图 5-17 快充系统电路图

DC– 经过快充高压负继电器，分别通往高压正母线排、高压负母线排。

快充口有 7 个低压端子：CC1、CC2、S+、S–、A+、A–、GND。CC1 连接通往充电桩控制单元的连接确认线，CC2 连接通往 VCU 的连接确认线，S+ 连接快充 CAN–H 线，S– 连接快充 CAN–L 线，A+ 连接充电桩输出的唤醒信号线正极，A– 连接充电桩输出的唤醒信号线负极，GND（也称 PE）连接充电桩金属外壳与车身之间的保护地线。

5.3.5 快充系统工作原理

（1）快充系统各元件作用

如图 5-18 所示，快充系统包括充电桩端、快充口、车端 3 个部分，下面分别介绍 3 个部分中各元器件作用。

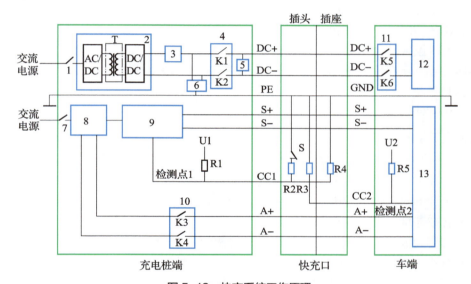

图 5-18 快充系统工作原理

1—主电源开关 2—充电机 3—电流传感器 4—高压继电器 5—电压传感器
6—高压绝缘监测 7—辅助电源开关 8—辅助电源 9—充电桩控制单元
10—唤醒信号继电器 11—快充高压继电器 12—电池包 13—BMS

1）充电桩端。

主电源开关：接通或断开充电机供电。

充电机：将 380V 或 220V 交流电变成高压直流电。

电流传感器：监测充电电流。

高压继电器：接通或断开充电主回路。

电压传感器：监测充电电压。

高压绝缘监测：监测充电线与 PE 之间的绝缘电阻。

辅助电源开关：接通或断开辅助电源供电。

辅助电源：将 220V 交流电变成 12V 直流电，送到唤醒信号继电器。

充电桩控制单元：控制充电机工作，与 BMS 之间通过快充 CAN 交换信息。

唤醒信号继电器：闭合后发出唤醒信号，唤醒 VCU、数据采集终端、仪表 ECU，

VCU再发出唤醒信号用来唤醒BMS。

K1、K2：高压正继电器触点、高压负继电器触点。

K3、K4：唤醒信号正极继电器触点、唤醒信号负极继电器触点。

U1：12V。

R1：1000Ω。

2）快充口。

S：常闭开关，按下充电枪按钮，S断开；松开充电枪按钮，S闭合。

S+、S-：CAN-H线、CAN-L线。

R2、R3、R4：均为1000Ω。

3）车端。

快充高压继电器：接通或断开充电桩直流高压电与电池包的连接。

K5、K6：快充高压正继电器触点、快充高压负继电器触点。

电池包：包含动力电池、单体电池电压监测、模块温度监测、湿度监测。

BMS：电池管理控制单元，与充电桩、数据采集终端之间通过快充CAN交换信息。

U2：12V。

R5：1000Ω。

（2）快充系统工作原理

1）检测快充线与充电桩连接。充电桩控制单元读取检测点1电压，快充线未连接充电桩时为U1（悬空电压12V），连接后R1与R2分压，由于R1、R2均为1000Ω，故检测点1为6V，说明充电枪内的CC1与PE构成回路。只有更换快充线时才断开快充线与充电桩连接，此时充电机不会起动。

2）检测充电枪与快充口连接。按下充电枪按钮，S断开，插入充电枪，R1和R4分压，检测点1仍然是6V；松开充电枪按钮，S闭合，此时R2与R4并联，由于R2与R4均为1000Ω，并联等效电阻是500Ω，检测点1是4V（1000Ω与500Ω分压），充电桩控制单元确认充电枪与快充口已连接，并且充电枪的机械锁已经锁止。

3）唤醒VCU。充电桩控制单元指令唤醒信号继电器的K3、K4闭合，输出12V唤醒VCU、数据采集终端、仪表ECU，VCU再发出唤醒信号用来唤醒BMS。

4）BMS检测充电枪连接。BMS开始工作后，读取检测点2电压，快充枪未插入充电桩时为U2（悬空电压12V）；插入后R5与R3分压，由于R5、R3均为1000Ω，故检测点1为6V，BMS确认充电枪与快充口已经连接。

5）"握手"阶段。充电桩控制单元向BMS发出"充电机通信协议版本号"，BMS与充电桩两者互相身份辨认，称作"握手"。

6）参数配置。"握手"成功后，BMS报送动力电池充电需求的报文，充电桩控制单元报送供电能力的报文，二者达成参数配置共识。

7）快速充电。充电桩控制单元指令K1、K2闭合，BMS指令K5、K6闭合，进行快速充电。

8）结束充电。当BMS及充电桩控制单元判定充电结束时，充电桩断开K1、K2，车辆断开K5、K6，充电终止；充电桩断开K3、K4，取消唤醒信号。

9）强制停止。充电过程中如果出现充电机故障，充电机在 100ms 内断开 K1~K4。如果出现动力电池故障，车辆在 300ms 内断开 K5、K6。如果出现 CAN 通信超时，充电桩与车辆在 10s 内断开 K1~K6。如果在充电中按动充电枪按钮，S 断开，充电机在 50ms 内将充电电流降至 5A 以下。如果强拔充电枪，S 断开，检测点 1 变为 12V，充电机在 1s 内断开 K1~K4。若充电电压大于动力电池最高允许电压，充电机在 1s 内断开 K1~K4。以上这些措施都是保证快速充电期间的用电安全，防止火灾。

5.3.6 快充电应具备条件

1）充电连接确认信号 CC1、充电连接确认信号 CC2 正常。
2）快充唤醒信号线正负极之间 12V 输出电压正常。
3）BMS 低压供电及工作正常。
4）充电桩、VCU、BMS 之间快充 CAN 通信正常。
5）动力电池的电芯温度为 5~45℃。
6）单体电池最高温度与最低温度差 <15℃。
7）单体电池最高电压不大于额定电压 0.4V。
8）单体电池最高电压与最低电压差 <300mV。
9）高压正线、高压负线的绝缘性能 >500Ω/1V。

5.4 车载充电机

5.4.1 车载充电机作用

车载充电机将 220V 交流电转换为 240~410V（EV200 车型）高压直流电。分为风冷式和水冷式，相对于传统工业电源，车载充电机具有效率高、体积小、耐受恶劣工作环境等特点。车载充电机工作过程中需要协调充电桩、BMS 等部件，EV200 车载充电机如图 5-19 所示，技术参数见表 5-6。

图 5-19　EV200 车载充电机
1—220V 交流电输入插座
2—高压直流电输出插座　3—低压插座

表 5-6　车载充电机技术参数

项目	参数
输入电压	AC 220V ± 30V
频率	50Hz
输出电压	DC 240 ~ 410V
效率	满载大于 90%
冷却方式	风冷
防护等级	IP66

5.4.2 充电机指示灯

充电机上的3个指示灯，如图5-20所示，①POWER灯——电源指示灯，接通220V交流电时点亮；②RUN灯——充电指示灯，当充电机电流流入动力电池，进入充电状态时点亮；③FAULT灯——警告灯，当充电机内部有故障时点亮。

图5-20 充电机指示灯

实际状态：①充电正常，POWER灯与RUN灯点亮；②起动30s后只有POWER灯点亮，说明蓄电池无充电请求或已经充满；③FAULT灯点亮，说明系统存在故障；④POWER灯、RUN灯、FAULT灯均不亮，说明充电桩、充电线束、插接器有问题。

5.4.3 充电机插座定义

充电机插座定义见表5-7。

表5-7 充电机插座定义

插座名称	插座形状		定义
交流输入插座		1	L（交流220V 相线）
		2	N（交流220V 零线）
		3	PE（保护地线）
		4	未用
		5	CC（充电连接确认线）
		6	CP（充电控制确认线）
直流高压输出插座		A	高压负极
		B	高压正极
低压插座		1	新能源CAN-L
		2	新能源CAN-GND（屏蔽）
		5	互锁输出（到高压盒低压插座）
		8	GND
		9	新能源CAN-H
		11	CC信号输出
		13	互锁输入（到空调压缩机低压插座）
		15	12V+OUT
		16	12V+IN

5.5 慢充系统

5.5.1 慢充系统作用

慢充系统的作用是使用单相交流充电桩或220V单相交流民用电,通过车载充电机,将交流电变换为高压直流电,对动力电池充电。

5.5.2 慢充系统组成

慢充系统由车辆外设备和车辆内设备组成。车辆外设备:交流充电桩、慢充线或辅助交流慢充线。车辆内设备:慢充口、慢充线束、车载充电机、高压盒、动力电池、BMS。国家标准中规定了4种充电模式:①家用8A插座,适合电动自行车,不准许给电动汽车充电;②家用16A或10A插座,准许为电动汽车充电;③交流电网供电的交流充电桩;④交流电网供电的直流充电桩。

(1)辅助交流慢充线

第二种充电模式采用辅助交流慢充线,16A 三孔插座的供电电流不能超过 13A,10A 三孔插座的供电电流不能超过 8A。插座具有相线、零线和保护地线,且具备漏电保护和过电流保护功能。辅助交流慢充线是购车时的配置,如图 5-21 所示,一端是连接电源插座的插头,中间是自动断电保护装置,另一端是连接车辆慢充口的弯头,俗称慢充枪。

图 5-21 辅助交流慢充线

(2)交流充电桩

按安装方式的不同,交流充电桩分为立式、壁挂式、便携式,按充电枪个数不同,分为单枪、双枪,如图 5-22 所示。采用单相供电时,交流供电电流不大于 32A 或 16A,且应具有漏电保护功能。交流充电桩带有电量计量、自动断电保护装置。某型号单相交流充电桩技术参数见表 5-8,操作者刷卡为电动汽车充电。

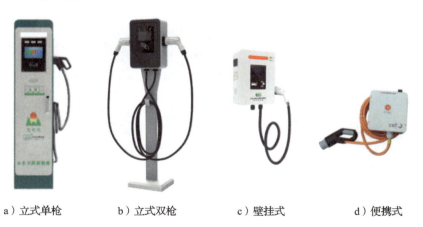

a)立式单枪　　b)立式双枪　　c)壁挂式　　d)便携式

图 5-22 交流充电桩

表 5-8　单相交流充电桩技术参数

项目	参数
额定电压	AC 220V
额定电流	32A
额定频率	50Hz
额定功率	7000W
防护等级	IP65
执行标准	GB/T 18487.1—2015

（3）慢充插口锁止功能

从2016年开始实施的充电新国标中规定，交流充电电流大于16A时，供电接口和车辆接口应具有锁止功能。慢充插口设有"电子锁"，在充电过程中闭锁使得充电枪无法拔出，防止带电拔出充电枪，避免连接到其他车辆或慢充线丢失。在慢充插口后面的上方设有一个电磁阀，如图5-23所示，在充电过程中对该电磁阀线圈通电，促动锁销（红圈内）伸出卡住充电枪的锁钩，限制充电枪按钮不能按下。只有对电磁线圈断电，锁销退回后才能按下充电枪按钮。

图5-23　慢充插口的"电子锁"

在充电过程中，若要拔出充电枪需手动解锁，方法有：①按动智能钥匙的解锁按钮；②按动驾驶人车门外把手旁边的微动开关（智能钥匙需在附近）；③按动驾驶人车门内的车窗玻璃升降开关；④当充电枪解锁后，须在30s内拔枪，30s后锁销会重新伸出将充电枪锁止。

慢充插口锁止功能有"启用"和"禁用"两个模式，设置方法为通过多媒体触摸屏，进入"新能源"，再进入"充电口电子锁防盗"，选择"启用"或"禁用"。充满电后，在"启用"模式下电子锁须手动解锁，在"禁用"模式下电子锁会自动解开。

当慢充插口的电子锁出现故障，不能拔出充电枪时，可通过手动应急解锁。慢充插口设在车辆后部，打开行李舱盖，行李舱右护面板设有充电枪应急拉索，扣开应急拉索卡扣，拉动应急拉索，可解锁充电枪。慢充插口设在车辆前格栅，打开前发动机舱盖，拉动应急拉索进行解锁。

（4）慢充线束

慢充线束为慢充口连接到车载充电机的线束，如图5-24所示，慢充线束两端插头定义见表5-9。

图5-24　慢充线束

表 5-9 慢充线束两端插头定义

插头名称	插头形状	定义	
慢充口端插头	(CP, CC, N, L, NC2, NC1, PE)	CP	充电控制确认线
		CC	充电连接确认线
		N	零线
		L	交流 220V 相线（380V 相线）
		PE	保护地线
		NC1	备留（地线 380V 相线）
		NC2	备留（地线 380V 相线）
车载充电机端插头	(1,2,3,4,5,6)	1	L（交流 220V 相线）
		2	N（零线）
		3	PE（保护地线）
		4	未用
		5	CC（充电连接确认线）
		6	CP（充电控制确认线）

5.5.3 新能源 CAN 总线系统

新能源 CAN 总线系统传递慢充电信息，如图 5-25 所示，该系统连接的模块有 VCU、压缩机控制器、BMS、充电机 ECU、数据采集终端、驱动电机控制器、高压盒 ECU、电动转向 ECU、空调 ECU。另外，由车身 ECU、组合仪表 ECU 等组成原车 CAN 总线系统。

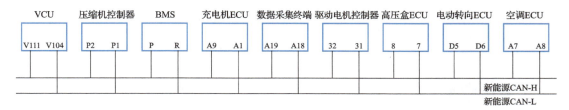

图 5-25 新能源 CAN 总线系统

5.5.4 慢充系统电路图

如图 5-26 所示，慢充口有 7 个端子，实际使用 5 个端子，分别连接：相线 L、零线 N、保护地线 PE、充电连接确认线 CC、充电控制确认线 CP。备留两个端子 NC1 和 NC2，目的是输入三相交流电，用于装备大功率车载充电机的电动汽车。

充电机高压插座："DC+" "DC-" 分别通过高压附件线束连接高压盒的 "DC+" "DC-"，DC+ 线设有 16A 熔断器。

充电机交流插座：通过慢充线束与慢充口连接，1 连接 L，2 连接 N，3 连接 PE，5

连接CC，6连接CP。

充电机直流插座：A1连接新能源CAN-L，A2连接CAN屏蔽线，A8连接12V供电负极，A9连接新能源CAN-H，A11连接慢充连接确认线通往VCU，A16连接12V供电正极，A13连接高低压互锁线通往高压盒，A14连接高低压互锁线通往空调压缩机，A15连接慢充唤醒信号线的正极。

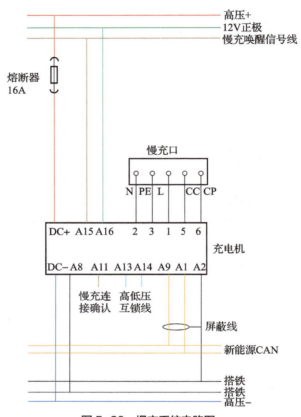

图5-26 慢充系统电路图

5.5.5 慢充系统工作原理

（1）慢充系统各元件作用

慢充系统的工作原理如图5-27所示，可以看出有充电桩端、充电桩插口、慢充插口、车端，但是充电桩插口是直接连接，所以慢充系统包括充电桩端、慢充插口、车端3个部分，下面分别介绍3个部分中各元器件作用。

1）充电桩端。

K1、K2：按照充电桩控制单元的指令接通或断开主电路。

漏电保护器：监控除地线之外所有供电线的电流矢量和，正常充电且不漏电时，进入漏电保护器的电流和流出漏电保护器的电流矢量和等于0。当发生漏电时，漏电电流从漏电支路流走，电流矢量和不等于0，当超过设定的阈值时执行动作，切断K1、K2。

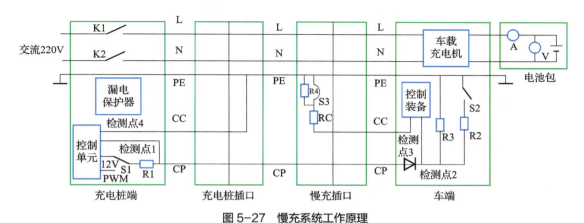

图 5-27 慢充系统工作原理
K1、K2—电源开关 L—相线 N—零线 PE—保护地线
CC—充电连接确认信号 CP—控制确认信号
A—电流传感器 V—电压传感器

检测点 4：控制单元监测该点为 0V 时，确认慢充线已连接充电桩。

CC：充电线连接充电桩确认信号。

检测点 1：未连接慢充线时，控制单元监测该点为 12V，不可以充电。S1 切换至 PWM 信号，S2 断开时，该点为 9V，不可以充电。S2 闭合时，该点为 6V，可以充电。

S1：受充电桩控制单元控制，接通 12V 直流电或接通 PWM 信号。

R1：等效电阻为 1000Ω。

CP：控制确认信号，S1 接通 12V 直流电时，通知车载充电机低压上电。S1 接通 PWM 信号时，PWM 信号表示供电设备的容量。

PWM：脉冲宽度调制，信号频率为 1000Hz。

2）慢充插口。

RC：电阻值代表慢充线的电缆容量，有 4 种规格：1.5kΩ，电缆容量为 10A；680Ω，电缆容量为 16A，充电设备为 3.3kW；220Ω，电缆容量为 32A，充电设备为 7kW；100Ω，电缆容量为 63A，充电设备为 40kW。

R4：对应 4 种 RC，R4 的电阻值也设计有 4 种规格：1.8kΩ、2.7kΩ、3.3kΩ、3.3kΩ。

S3：常闭开关，与充电枪机械锁联动，当按下充电枪按钮时，S3 断开，插入充电枪，检测点 3 与 PE 之间的电阻为 RC+R4，说明充电枪已连接，但是机械锁未锁止。松开充电枪按钮，S3 闭合，R4 短路，检测点 3 与 PE 之间的电阻为 RC，说明充电枪的机械锁已锁止。

3）车端。

控制装备：根据不同车型，控制装备可以是 VCU，也可以是 BMS。

CC：充电连接确认信号，是一个电阻信号，其作用是确认慢充线已连接慢充口，以及感知慢充线的电缆容量。

检测点 3：未连接充电枪时，该点与 PE 之间电阻为无穷大。半连接（按下充电枪按钮，插入充电枪）时，S3 断开，检测点 3 与 PE 之间电阻为 RC+R4。完全连接（松开充电枪按钮）时，S3 闭合，检测点 3 与 PE 之间电阻为 RC。

检测点2：S1接通12V直流电时，车载充电机接收到12V直流电进行低压上电。S1接通PWM信号时，车端控制装备接收到充电桩容量的数据。

S2：车端控制装备经自检后如果没有故障，指令S2闭合。

R2：等效电阻值为1300Ω。

R3：等效电阻值为2740Ω。

二极管：单向通过信号，起到防反功能，电压降为0.7V。

（2）慢充系统工作原理

1）检测慢充线连接。充电桩控制单元通过检测点4，判断慢充线是否与充电桩连接（充电桩CC检测）。车端控制装备通过检测点2，收到12V直流电后车载充电机低压上电。通过检测点3，确认慢充线已连接慢充口（充电机CC检测）；然后充电机内的继电器闭合，唤醒VCU、数据采集终端，VCU再唤醒BMS、DC/DC、ICM。VCU指令主负继电器闭合，BMS指令主正继电器闭合，仪表板上的充电线连接指示灯点亮。

2）PWM检测。充电桩控制单元指令S1从12V切换至PWM，通过检测点1判断是PWM信号。车端控制装备通过检测点2，确认收到PWM信号（CP检测）。

3）充电"握手"。车端控制装备经自检后没有故障，指令S2闭合，允许动力电池充电。

4）参数匹配。车端控制装备通过接收检测点2的PWM信号，确认充电桩的最大供电能力；通过RC电阻值确认电缆额定容量。

5）慢速充电。车端控制装备根据充电桩的最大供电能力、慢充电缆容量、车载充电机额定输入电流，将输入电流设定为充电机最大允许电流。充电桩控制单元指令K1、K2闭合，进行慢速充电。

6）结束充电。BMS检测电池电量升高到满电状态（表明充电完成）时，向充电机发送停止充电指令，充电机收到指令后停止工作并向VCU发送停止充电信息。拔开充电枪，仪表板充电线连接指示灯熄灭，高压主正、高压主负继电器断开。

7）强制停止。慢充过程中如打开点火开关或强行拔开充电枪时，高压立即下电，充电立即停止。必须将点火开关关闭或重新插入慢充枪，高压才能上电，继续进行充电。如果动力电池电量不足警告灯点亮，必须关闭点火开关，高压下电后才能进行慢充电。

5.5.6 慢充电应满足条件

1）充电连接确认信号CC正常，充电控制确认信号CP正常。

2）220V交流电供电正常，车载充电机12V直流电供电正常，充电机工作正常。

3）慢充唤醒信号线正负极之间12V输出电压正常。

4）充电机、VCU、BMS之间CAN通信正常，动力电池包正常。

5）动力电池的电芯温度为0~45℃。

6）单体电池最高与最低温度差<15℃。

7）单体电池最高电压不大于额定电压0.4V。

8）单体电池最高与最低电压差<300mV。

9）绝缘性能>500Ω/1V。

10）高、低压电路连接正常，远程控制开关位于关闭状态。

5.6 DC/DC 变换器

5.6.1 DC/DC 作用

12V 蓄电池为灯光照明、电动车窗、刮水器、除霜器、电控系统、仪表系统、娱乐系统等 12V 设备供电。DC/DC 变换器相当于燃油汽车的发电机,其作用是将动力电池 290~420V 高压直流电,转换成 13.8~14V 直流电,对用电设备供电和为蓄电池充电。

DC/DC 变换器由控制芯片、电感线圈、二极管、晶体管、电容器组成,通过重复通断开关,将直流电压转换成高频方波电压,再经整流平滑变为直流电压输出,电动汽车 DC/DC 采用的是降压型。

DC/DC 可以单独安装,也可以集成在 PDU 或 PEU 内部。DC/DC 分为自然冷却和水冷却。DC/DC 变换器具有输入过电压、欠电压保护,输出过电压、欠电压保护,输出过载、短路保护,过温保护等功能。DC/DC 内部的高压部分和低压部分是相互隔离的,低压部分输出负极仍采用与车身搭铁,这就使得低压用电设备的 12V 供电网络与燃油汽车保持一致。

DC/DC 变换流程如图 5-28 所示。DC/DC 变换器的高压部件有动力电池、高压线束、高压盒、DC/DC;低压部件有蓄电池正极线束、蓄电池、蓄电池负极线束。

图 5-28 DC/DC 变换流程

北汽新能源 EV200 的 DC/DC 技术参数,见表 5-10。

表 5-10 DC/DC 技术参数

项目	参数
输入电压	DC 240~410V
输出电压	DC 14V
效率	峰值大于 88%
冷却方式	风冷
防护等级	IP67

5.6.2 DC/DC 插座定义

EV200 的 DC/DC 插座定义见表 5-11。低压输出插座:输出正极、输出负极。低压控制插座:A 是使能信号,9~14V 时 DC/DC 开始变换;0~1V 时 DC/DC 停止变换;B 通往组合仪表 T32/12,输出 DC/DC 状态信号(故障信号),12V 为故障,低电平为正常;C 连接蓄电池负极。

表 5-11　EV200 的 DC/DC 插座定义

外观	插座名称	插座形状	定义	
	低压输出插座			14V 负极
				14V 正极
	低压控制插座		A	使能信号
			B	通往组合仪表
			C	接 12V 蓄电池负极
	高压输入插座		A	接动力电池负极
			B	接动力电池正极
			中间端子	高低压互锁

5.6.3　DC/DC 电路图

如图 5-29 所示，高压输入插座："高压 +"、"高压 −"通过高压附件线束，连接到高压盒的"高压 +"、"高压 −"。低压插座：连接蓄电池正极、负极。低压控制插座：A1 是 VCU 发来的使能信号，A2 是 DC/DC 故障信号，通往 VCU 和组合仪表，A3 通往搭铁。DC/DC 控制单元不连接 CAN 总线，而是接收 VCU 发来的使能信号执行工作。

5.6.4　DC/DC 工作流程

（1）DC/DC 工作流程

①将点火开关拨到 ON 档或充电机被唤醒；②动力电池完成高压系统预充电流程；③ VCU 发给 DC/DC 变换器使能信号；④ DC/DC 变换器收到使能信号开始变换。

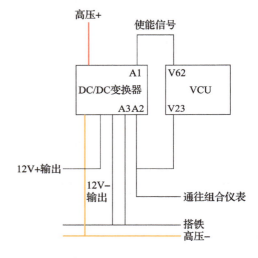

图 5-29　DC/DC 电路图

（2）DC/DC 工作条件

①高压输入范围 DC 290~420V；②低压使能信号输入范围 DC 9~14V。

（3）判断 DC/DC 是否工作的方法

①保证整车线束正常连接的情况下，高压上电前使用万用表测量蓄电池电压，并记录；②将点火开关拨到 ON 档，高压上电，测量蓄电池电压，查看电压变化情况，如果电压在 13.8~14V 之间，说明 DC/DC 正在工作。

自 测 题

一、判断题

1．回馈能量是车辆减速或制动时，将惯性动能转化为机械能给动力电池充电。（   ）
2．荷电状态也称剩余电量，荷电状态＝（电池剩余容量/完全充电容量）×100%。（   ）
3．充放电电流的大小常用充放电倍率C表示，C=充放电流/额定容量。（   ）
4．慢充枪上设有电子锁，在充电过程中闭锁使得慢充枪不能拔出。（   ）

二、单选题

1．负责高压电的输入、分配及输出，执行支路用电器通断及过电流保护的部件是（   ）。
　　A．OBC　　　　B．高压盒　　　　C．MCU　　　　D．DC/DC
2．慢充电第一阶段采用恒流充电,当电池容量充到(   ),改为第二阶段恒压充电。
　　A．60%　　　　B．70%　　　　C．80%　　　　D．90%
3．慢充线束插头中"CP"的定义是（   ）。
　　A．相线　　　　　　　　　　B．保护地线
　　C．充电控制确认线　　　　　D．充电连接确认线
4．将动力电池的高压直流电，转换成13.8~14V直流电的部件是（   ）。
　　A．DC/DC　　　B．BMS　　　　C．MCU　　　　D．OBC

三、多选题

1．慢充系统的高压部件包括（   ）。
　　A．车载充电机　　B．高压盒　　　C．BMS
　　D．分控盒　　　　E．动力电池
2．EV200高压盒连接的线束有（   ）。
　　A．快充高压线束　B．低压控制线束　C．动力电池线束
　　D．电机控制器线束　　　　　　　　E．高压附件线束
3．快充CAN总线连接的控制模块有（   ）。
　　A．BMS　　　　B．直流充电桩控制单元
　　C．数据采集终端　D．车载充电机　E．故障诊断接口
4．DC/DC变换器具有（   ）等功能。
　　A．输入过电压、欠电压保护　　B．输出过电压、欠电压保护
　　C．输出过载保护　D．输出短路保护　E．过温保护

第6章 驱动电机系统

6.1 概述

6.1.1 对驱动电机的要求

1）体积小、质量小。采用铝合金外壳，电机控制器和冷却系统质量小。

2）电压高。高电压可以减小电机和导线的尺寸和质量，降低逆变器成本。

3）转矩特性优良。转矩特性须满足汽车频繁起步、停车、加速、减速、低速大转矩爬坡、高速小转矩恒定功率等行驶工况。

4）调速范围宽。汽车行驶时所遇到的工况多种多样，要保证汽车能够在较宽的速度范围内运行，就要求驱动电机具有较宽的调速范围。

5）能量回收。减速和制动时回收汽车的惯性能量，可增加汽车的行驶里程。

6）安全性高。驱动电机的电气设备须满足安全性高、耐高温、耐潮湿、低噪声、故障率低的要求。

6.1.2 驱动系统类型

（1）集中驱动系统

集中驱动系统亦称集成集中驱动系统，如图6-1所示，包括电动机、减速器和差速器，有些车型还集成电机控制器。电动乘用车一般将集中驱动系统安装在前发动机舱，电动大客车、电动货车将集中驱动系统安装在后桥。

（2）分布驱动系统

分布驱动系统与集中驱动系统相比，具有结构紧凑、质量小、机件简化、传动效率

图6-1 集中驱动系统
1—减速器　2—电动机　3—冷却水管　4—差速器

高等优点，可提高电动汽车的动力性，增加续驶里程。分布驱动系统省去了差速器、半轴，驱动桥的每侧电动机分别驱动每侧车轮，在车辆曲线行驶时两侧电动机以不同转速工作。四轮驱动车辆每个车轮安装一台电动机，但是对四台电动机转速要求控制精度高。分布驱动系统尽量降低电动机质量，轮下质量降低可以获得良好的乘坐舒适性。分布驱动系统有轮边电动机、轮毂电动机两种类型。

1）轮边电动机，可分为两种，一种是电动机轴线与车轮轴线不重合，两个轴线之间是减速齿轮；另一种是电动机轴线与车轮轴线重合，采用行星齿轮减速机构。

2）轮毂电动机，将电动机集成在轮毂上，电动机轴线与车轮轴线重合，采用内转子的带有减速机构，采用外转子的不带有减速机构。轮毂电动机可以改善电动机与独立悬架在有限空间内布置困难的问题，与轮边电动机相比可降低空气阻力、提高通过性。

6.1.3 驱动电机类型

（1）直流电动机

直流电动机又分为他励直流电动机、并励直流电动机、串励直流电动机、复励直流电动机。优点是技术成熟、控制容易；缺点是耗电多、效率低、维护工作量大。主要用于电动自行车、老年代步车、电动叉车、低速电动汽车等。

（2）永磁同步电动机

永磁同步电动机又分为交流永磁同步电动机和直流永磁同步电动机，电动汽车采用交流永磁同步电动机。该电动机采用永磁体励磁，优点是效率高、控制精度高、转矩大且平稳、噪声小。

交流永磁同步电动机主要由铝合金外壳、定子组件（硅钢片铁心、三相绕组、轴承）、转子组件（转子轴、硅钢片铁心、永磁体）、前端盖、后端盖、轴承温度传感器、旋变传感器、接线盒、安装支架等组成。

转子是励磁组件，又分为两种：①嵌入式永磁铁心，在转子的硅钢片中镶嵌永磁体，硅钢片用来固定永磁体并具有良好导磁性、没有剩磁、电阻大；硅钢片一片片叠集，使得内部环形电流小、产生热量低；②凸装式永磁体心，永磁体高于硅钢片，永磁体两侧没有支撑，在圆周方向固定作用差。

（3）交流异步电动机

交流异步电动机又称作交流感应电动机，因其转子转速低于定子旋转磁场的转速，所以称为异步。优点是结构简单、制造成本低、整体坚固、维修方便，当逆变器损坏时电动机不会产生反电动势而出现汽车紧急制动；缺点是质量大、体积大。特斯拉电动汽车采用交流异步电动机，该车以高能量密度的18650电池弥补电动机质量大的缺点。

交流异步电动机主要由铝合金外壳、定子组件（硅钢片铁心、三相绕组、轴承）、转子组件（转子轴、硅钢片铁心、铝条或铜条制成的笼型转子绕组）、前端盖、后端盖、轴承等组成。

（4）开关磁阻电动机

开关磁阻电动机是高性能一体化系统，优点是调速范围宽、制造维护方便；缺点是控制复杂、噪声大，目前在电动汽车中采用还较少。

开关磁阻电动机系统主要由开关励磁电机、功率转换器、传感器、控制器组成，控制器按顺序给励磁绕组通电，有点像步进电动机，不同的是磁力线经过转子凸极铁心（因为铁心磁阻小）走最短的路径。

6.1.4 驱动电机工作条件

1）输入电机控制器的高压电正常。
2）电机控制器正常。
3）电机控制器与VCU的CAN通信正常。
4）旋变传感器信号正常。
5）温度传感器信号正常。

6.2 驱动电机系统

6.2.1 驱动电机系统组成

驱动电机系统由驱动电机、电机控制器、冷却系统组成，如图6-2所示。

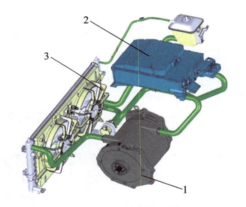

图6-2 驱动电机系统
1—驱动电机 2—电机控制器 3—冷却系统

电机控制器与驱动电机集成，可省去两者之间的三相高压交流线束。电机控制器与高压盒、充电机、DC/DC集成称作PEU，可省去相互间的高压直流线束。驱动电机与减速器、差速器集成，称作驱动总成。

VCU（整车控制单元）根据加速踏板位置传感器、制动踏板位置传感器、档位传感器等信号，通过CAN总线向电机控制器发送命令，实时调节电动机的输出转矩和转速，以实现爬行、加速、匀速、减速、能量回收、停车等。

电机控制器对IGBT温度、电动机温度、转子位置实时监测，将信息发给VCU，进而控制水泵电动机和散热器风扇电动机运转。

冷却系统由电动水泵（12V）、水管、膨胀水壶、散热器、散热器风扇、电机控制器中的水管、驱动电机中的水套、冷却液、温度传感器组成。

6.2.2 驱动电机结构

某型号驱动电机技术参数见表 6-1，外观如图 6-3 所示，内部结构如图 6-4 所示，主要零件如图 6-5 所示。

表 6-1 某型号驱动电机技术参数

名称	参数
类型	永磁同步
基本转速	2812r/min
转速范围	0~9000r/min
额定功率	30kW
峰值功率	53kW
额定转矩	102N·m
峰值转矩	180N·m
防护等级	IP67
质量	45kg
尺寸	235mm（直径）×280mm（长度）

图 6-3 驱动电机外观

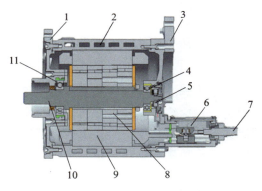

图 6-4 驱动电机内部结构

1—前端盖 2—水套 3—后端盖 4—后轴承
5—旋转变压器 6—接线盒 7—三相动力线 8—转子
9—定子铁心和绕组 10—电机轴 11—后轴承

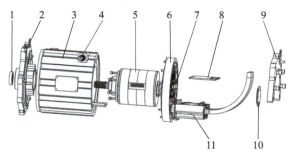

图 6-5 驱动电机主要零件

1—油封 2—前端盖及吊环 3—外壳及定子组件 4—水管接头 5—转子组件
6—后端盖 7—旋转变压器 8—接线盒盖 9—悬置支架 10—旋变盖板 11—接线盒组件

6.2.3 温度传感器

电机控制器采集驱动电机自身运行状态的信息，包括温度传感器信号和旋转变压器信号，两者均安装在驱动电机内部。温度传感器如图6-6所示，作用是检测电动机定子绕组的温度，作为水泵和散热器风扇的控制信号，避免电动机过热。

温度传感器一般采用正温度系数热敏电阻，该电阻的特点是响应速度快和需要较小的维持电流。某车型驱动电机温度传感器在0℃时电阻为100Ω，40℃时电阻为420Ω，60℃时电阻为20kΩ。早期车辆的驱动电机只有一个温度传感器，后期车辆的驱动电机最少在两个位置各装有一个温度传感器，测量绕组和定子铁心温度，可避免绕组因温度过高导致绝缘损坏，也可避免永磁体因温度过高而退磁。

图6-6 温度传感器

6.2.4 旋转变压器

（1）功用

旋转变压器简称旋变，是一种电磁式传感器，又称同步分解器，其功用是测量电动机转子位置，经控制单元解码后可以获知电动机转速。旋变具有很高的可靠性和足够高的精度，是交流永磁同步电动机的首选，也有一些电动汽车采用霍尔式传感器进行测量。

（2）特点

普通变压器的一次绕组、二次绕组相对固定，变压比是常数；而旋变传感器的一次绕组固定，二次绕组旋转，变压比不是常数。如图6-7所示，一次绕组称励磁绕组，输入固定频率的正弦交流信号；二次绕组有两个，分别是正弦绕组和余弦绕组，分别与输入电压的相位角度成正弦关系、余弦关系。正弦绕组输出的正弦信号、余弦绕组输出的余弦信号的幅值不断变化，但是与一次绕组输入的正弦信号频率保持一致。

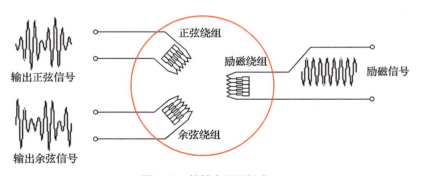

图6-7 旋转变压器组成

（3）工作原理

旋变有电磁式（绕线转子）和磁阻式（齿圈转子）两种，下面介绍后一种的工作原理。

旋变传感器的定子安装在驱动电机后端盖上，转子安装在电机轴上，如图6-8所示，由外壳、定子（线圈）、转子（信号齿圈）、插座组成，绕在定子上的二次绕组实际并不做机械旋转。信号齿圈是导磁体，有 5 个齿，随电动机轴转动。励磁绕组通入固定频率的正弦交流电后产生磁场，信号齿圈旋转，使得磁场沿圆周旋转，正弦绕组、余弦绕组感应出幅值变化的正弦信号、余弦信号，驱动电机控制器利用这两个信号感知电动机转子位置和转速。

图 6-8　磁阻式旋转变压器

1—外壳　2—定子　3—线圈（励磁绕组、正弦绕组、余弦绕组）
4—转子　5—电插头

旋变插头有 6 个端子，分别是：励磁绕组 R1、励磁绕组 R2；正弦绕组 S2、正弦绕组 S4；余弦绕组 S1、余弦绕组 S3。某车型正弦绕组、余弦绕组的电阻为（60±10）Ω，励磁绕组的电阻为（30±10）Ω。

6.3　电机控制器

6.3.1　电机控制器功能

电机控制器的功能如下：

1）控制电动机正反转，电动机正转车辆前进，电动机反转车辆倒车。
2）控制速度，按照驾驶人指令执行加速、匀速、减速等。
3）控制爬行，挂 D 位或 R 位，松抬制动踏板，不踩加速踏板，车辆缓缓行驶。
4）能量回收，也称动能回馈，此时电动机转变为发电机。
5）通信功能，通过 CAN 总线与其他控制单元和网关通信。
6）故障诊断，当自诊断异常时存储故障码，同时发送给 VCU。
7）保护功能，保护电机控制器、驱动电机、动力电池不超过工作温度极限。

6.3.2　电机控制器组成

电机控制器由两部分组成，一部分是以 IGBT 为核心的起逆变/整流作用的强电元器件，另一部分是以大规模集成电路为核心的弱电元器件。

某型号电机控制器技术参数见表 6-2，外观如图 6-9 所示，上层元器件如图 6-10 所示，下层元器件如图 6-11 所示，电机控制器主要组件如图 6-12 所示。电机控制器分为低压、高压两部分，低压部分包括输入/输出接口电路、控制器主板、运算器、存储器、传感器等；高压部分包括 IGBT 模块、驱动主板、超级电容、放电电阻、直流高压插接器、UVW 插接器等。电机控制器壳体内有水道，壳体外有进、出水管接头。散热器下方的出水管连接水泵，水泵将冷却液送入电机控制器，冷却 IGBT 元件，然后流入电动机，再流回散热器上方的回水管。

表 6-2 某电机控制器技术参数

名称	参数
输入直流高压	336V
输入直流高压范围	265~410V
低压电压	12V
低压电压范围	9~16V
标称容量	85kV·A
防护等级	IP67
质量	9kg

图 6-9 电机控制器外观

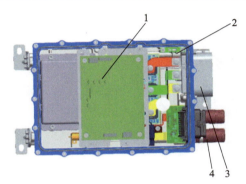

图 6-10 上层元器件

1—主板 2—水道 3—UVW 插接器 4—直流高压插接器

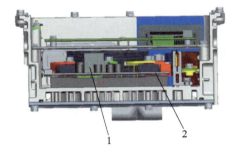

图 6-11 下层元器件

1—IGBT 2—驱动主板

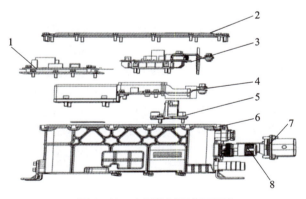

图 6-12 电机控制器主要组件

1—屏蔽板组件 2—箱体盖板组件 3—控制器主板组件 4—驱动主板组件
5—传感器支架组件 6—箱体组件 7—UVW 插接器 8—直流高压插接器

6.3.3 各元器件的作用

1）输入/输出接口电路，负责外部输入信号与控制器主板转换连接，负责控制器主板输出信号与外部转换连接。

2）控制器主板，与 VCU 通信，对旋变传感器供电，对旋变信号分析，控制 IGBT，监测高压直流母线电流，监测 IGBT 模块温度，监测高压插头连接情况。

3）驱动主板，接受控制器主板指令，控制每只 IGBT 导通或断开。

4）IGBT，将直流电转换成三相交流电并且变频，控制电动机转速和转动方向，车辆减速时回收能量，将三相交流电转换成高压直流电，对动力电池充电。

5）超级电容，某车型超级电容如图 6-13 所示，耐直流电压为 500V，容量为 660μF，电容的正、负两个电极，分别与高压正母线排和高压负母线排连接，作用是在电动机起动时保持电压稳定。

6）放电电阻，如图 6-14 所示，当断开高压直流电时，消耗掉超级电容放出的电流。取消了放电电阻的电动汽车，在高压下电后，电机控制器指令 IGBT 短暂工作，消耗掉超级电容放出的电流。

图 6-13　超级电容

图 6-14　放电电阻

7）电压传感器，包括动力电池电压传感器、12V 电压传感器，用以检测供给电机控制器的直流高压和弱电工作电压。

8）电流传感器，包括直流母线排电流传感器、三相交流输出电流传感器，用以检测实际电流。

9）温度传感器，包括 IGBT 模块温度传感器和电路板温度传感器，用以监测 IGBT 模块和电路板的温度。

6.3.4　IGBT

（1）IGBT 模块

电机控制器又称智能功率模块（IPM），是驱动电机系统的控制中心。电机控制器以 IGBT 为核心，辅以控制电路、驱动电路。IGBT 是 Insulated Gate Bipolar Transistor（绝缘栅双极型晶体管）的缩写。IGBT 模块如图 6-15 所示，该模块包含 6 个 IGBT，搭成三相桥式逆变电路。

图 6-15　IGBT 模块

（2）IGBT 内部

IGBT 是一种用小电流控制大电流的开关元件，综合了电力晶体管和电力场效应晶体管的优点。IGBT 是三端器件，包括栅极、集电极、发射极。栅极无触发信号，集电极与发射极之间不导通；驱动电路对栅极发送触发信号，集电极与发射极之间导通。IGBT 的内部结构如图 6-16 所示。

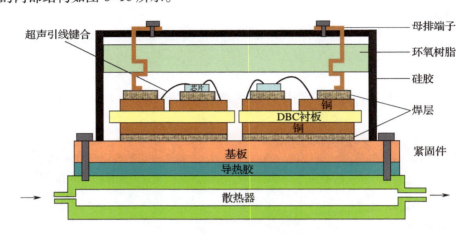

图 6-16　IGBT 内部结构

（3）三相桥式逆变器 / 整流器

如图 6-17 所示，电动机定子上绕有三相绕组，每相绕组的尾端连接在一起称作中性点，首端引出 U 相、V 相、W 相。三相桥式逆变器 / 整流器由 6 个 IGBT 和与之并联的 6 个二极管构成，IGBT 的编号为 VD1 ~ VD6。正极母线排、负极母线排之间串联两个 IGBT，集电极与正极母线排相连的 IGBT 称上桥臂，发射极与负极母线排相连的 IGBT 称下桥臂。3 个上、下桥臂之间的节点，分别连接 U 相、V 相、W 相。

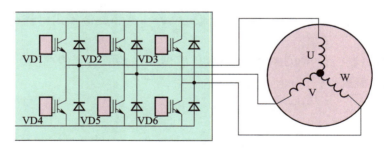

图 6-17　三相桥式逆变器 / 整流器
VD1~VD6—IGBT　U—U 相　V—V 相　W—W 相

6.3.5　IGBT 逆变工作原理

（1）逆变原理

为了能够将动力电池的直流电转变为驱动电机的三相交流电，6 个 IGBT 在驱动电路触发信号的驱动下，按顺序依次（间隔 60°）导通或关断，三相绕组的相位差为 120°。三相绕组产生的旋转电磁场，与转子的永久磁场相互作用，转子在电磁力作用下旋转并对外做功。

IGBT 工作过程如图 6-18 所示，驱动电路对 VD1、VD6 的栅极触发使之导通，电流由正极母线排流过 VD1 进入 U 相，然后从 W 相流出，再流过 VD6 回到负极母线排。

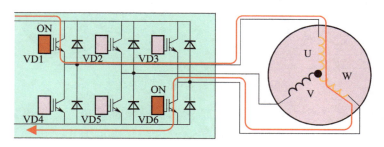

图 6-18　电流流向：U 相→W 相

如图 6-19 所示，驱动电路对 VD2、VD4 的栅极触发使之导通，电流由正极母线排流过 VD2 进入 V 相，然后从 U 相流出，再流过 VD4 回到负极母线排。

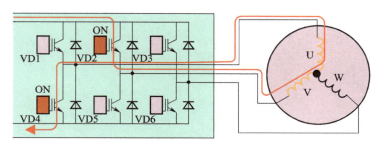

图 6-19　电流流向：V 相→U 相

如图 6-20 所示，驱动电路对 VD3、VD5 的栅极触发使之导通，电流由正极母线排流过 VD3 进入 W 相，然后从 V 相流出，再流过 VD5 回到负极母线排。

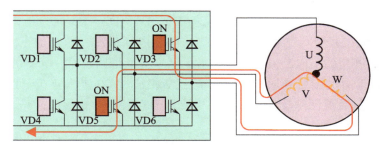

图 6-20　电流流向：W 相→V 相

（2）输出三相交流

为了方便理解，以上介绍的 IGBT 工作过程，每个瞬间只有一个正桥臂和一个负桥臂导通，只有两相绕组流过电流。实际在每个瞬间，三相绕组均有电流流过（电压过零点的瞬间除外），如图 6-21 所示，每个瞬间有两个正桥臂和一个负桥臂导通，或有一个正桥臂和两个负桥臂导通，每 60° 变换一次。

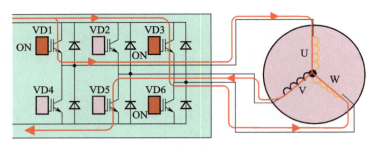

图 6-21　VD1、VD3、VD5 导通

逆变器输出三相交流电波形如图 6-22 所示，横坐标是角度，纵坐标是电压。如横坐标为 0~60° 时，W 相与 U 相的正桥臂导通，这两相电流流出，电压为正；V 相的负桥臂导通，该相电流流入，电压为负。

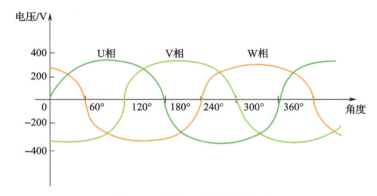

图 6-22　输出三相交流电波形

6.3.6　二极管整流器工作原理

（1）整流原理

如图 6-23 所示，6 个整流二极管为 D1~D6，D1、D2、D3 称作正向二极管，D4、D5、D6 称作反向二极管。二极管导通原则：哪相电压最高，哪相的正向二极管导通；哪相电压最低，哪相的反向二极管导通。当车辆进行能量回收时，电动机转变为发电机，D2、D6 因受到正向电压而导通，此时电流由 V 相流过 D2 进入正极母线排，流过动力电池对其充电，然后流回到负极母线排，再流过 D6 回到 W 相形成回路。

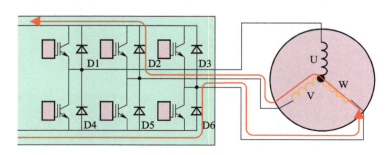

图 6-23　整流原理

(2)充电电流控制

电机控制器监测充电电流,不得大于动力电池允许的最大充电电流。否则,电机控制器执行 IGBT 工作状态,控制定子绕组磁场的旋转角速度,转子转速降低,停止回收能量,这样就保证了充电电流不超过最大允许值。

当电池温度过低时,不能回收能量;当电池电量很少时,能够正常回收能量;当电池电量大于 90% 或 95%,不能回收能量;当电池电量适中时,通过限制能量回收控制充电电流。一般认为在车辆非紧急制动的普通制动情况下,约 20% 的能量可以回收;但是实际上,能量回收的过程中也会产生损耗,能够回收的能量一般可延长电动汽车续驶里程 8%~15%。

6.3.7 驱动电机工作模式

(1)D 位行车

挂入 D 位后,档位信息和加速踏板位置信息传送到 VCU,VCU 将驾驶人操作意图通过 CAN(新能源 CAN)总线传给电机控制器,电机控制器结合旋变传感器信息,向电动机输入三相交流电,三相绕组产生旋转电磁场,与转子的永久磁场作用,转子正方向旋转。IGBT 将高压直流电逆变成高压三相交流电,通过调整频率来控制电动机转速。保持电压不变,就可以使电动机功率恒定。VCU 将电动机当前功率、电流、电压通过 CAN 送到仪表控制单元,仪表显示当前电动机功率数值。

(2)E 位行车

挂入 E 位后,加速时提速比较平缓,以尽可能节省电量。当松开加速踏板时,回收的能量更多,降速感强烈,滑行距离比 D 位短。不同车型的 E 位设有 2 级或 3 级,级数越高节省电量越多。

(3)回收能量

当驾驶人松开加速踏板时,车轮拖动电动机转动,电动机变为发电机。BMS 计算最大充电电流,电机控制单元通过 IGBT 将三相交流电整流成高压直流电,对动力电池充电,馈能电流必须小于 BMS 计算的最大充电电流。当踩下制动踏板时,VCU 指令电机控制器,使更多的电流充入动力电池。

(4)R 位行车

挂入 R 位后,VCU 通知电机控制器改变电动机旋转方向,即通电顺序由 U-V-W 变为 U-W-V,电动机反转。

6.4 北汽 EV200 驱动电机系统

6.4.1 驱动电机系统框图

驱动电机系统是纯电动汽车三大核心部件之一,是车辆行驶的主要执行机构,其特性决定了车辆的主要性能指标,直接影响车辆动力性、经济性和用户驾乘感受。北汽

EV200 驱动电机系统由驱动电机（DM）、驱动电机控制器（MCU）组成，通过高低压线束、冷却管路，与整车其他系统进行电气和散热连接。

驱动电机系统框图如图 6-24 所示，VCU 根据驾驶人意图发出各种指令，电机控制器做出响应并反馈，实时调整驱动电机输出，以实现整车的爬行、前行、能量回收、倒车、停车以及驻坡等功能。电机控制器另一个重要功能是通信和保护，实时进行状态和故障检测，保证驱动电机系统和整车安全可靠运行。

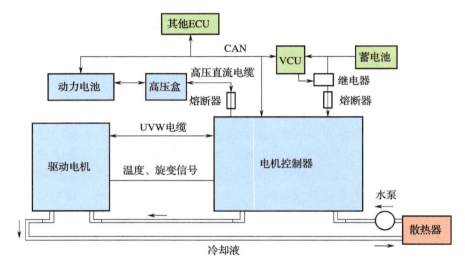

图 6-24　驱动电机系统框图

如图 6-25 所示，电机控制器将输入的直流电逆变成电压、频率可调的三相交流电，供给配套的三相交流永磁同步电动机使用。

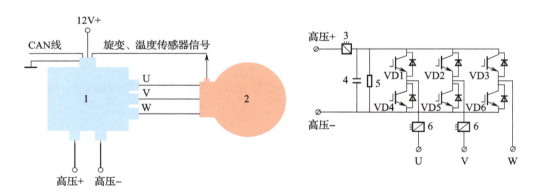

图 6-25　电机控制器

1—电机控制器　2—驱动电机　3—直流电流传感器
4—超级电容　5—放电电阻　6—交流电流传感器
VD1~VD6—IGBT

6.4.2　驱动电机插座定义

驱动电机插座如图 6-26 所示，共 19 个端子，部分端子定义见表 6-3。

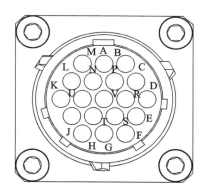

图 6-26 驱动电机插座

表 6-3 驱动电机插座部分端子定义

编号	信号名称	说明
A	励磁绕组 R1	连接旋变传感器插接器
B	励磁绕组 R2	
C	余弦绕组 S1	
D	余弦绕组 S3	
E	正弦绕组 S2	
F	正弦绕组 S4	
G	THO	连接温度传感器插接器
H	TLO	
L	HVIL1（+L1）	连接高低压互锁插接器
M	HVIL2（+L2）	

电机控制器插座如图 6-27 所示，共 35 个端子，部分端子定义见表 6-4。

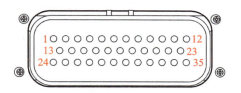

图 6-27 电机控制器插座

表 6-4 电机控制器插座部分端子定义

端子	信号名称	说明
1	12V +	连接 12V 电源
24	12V GND	
12	励磁绕组 R1	连接旋变传感器插接器
11	励磁绕组 R2	
23	正弦绕组 S2	
22	正弦绕组 S4	
35	余弦绕组 S1	
34	余弦绕组 S3	
33	屏蔽层	

（续）

端子	信号名称	说明
10	TH	连接温度传感器插接器
9	TL	
28	屏蔽层	
32	CAN-H	连接CAN插接器
31	CAN-L	
30	CAN-PB	
29	CAN-SHIELD	
8	485+	连接RS485总线插接器
7	485-	
15	HVIL1（+L1）	连接高低压互锁插接器
26	HVIL2（+L2）	

6.4.3 驱动电机系统电路图

驱动电机系统电路图如图6-28所示，余弦绕组高压+与高压-分别连接DC+与

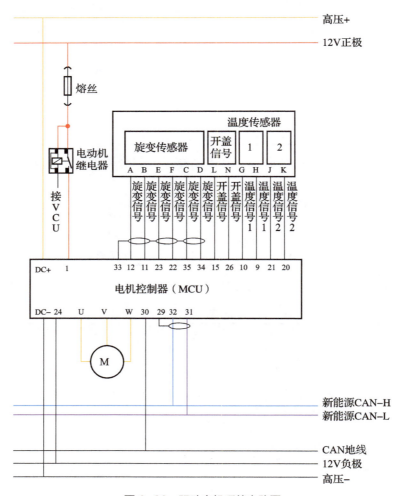

图6-28 驱动电机系统电路图

DC-。12V 正极经过熔丝和电动机继电器进入 MCU 的端子 1 供给工作正电，24 连接 12V 负极。MCU 的 33、12、11、22、23、35、34 接收旋变传感器信号（12、11 为励磁绕组，23、22 为正弦绕组，35、34 为余弦绕组），15、26 连接开盖开关，10、9 接受温度传感器 1 信号，21、20 接受温度传感器 2 信号。端子 31、32 连接新能源 CAN 总线，29 是 CAN 总线的金属屏蔽，30 与 29 相连为 CAN 地线。电机控制器输出三相变频交流电通过端子 U、V、W 供给驱动电机。

6.4.4　减速器总成

（1）功用

减速器的功能是将驱动电机的转速降低、转矩升高，以实现整车对驱动电机的转矩、转速需求。EV200 减速器总成是一款前置前驱减速器，采用左、右壳体，减速器和主减速器两级传动结构，总减速比为 7.793。EV200 减速器具有体积小、结构紧凑的特点，采用前进档和倒档共用结构进行设计，倒档通过电动机反转实现，其技术参数见表 6-5，外形如图 6-29 所示。

表 6-5　减速器技术参数

技术指标	技术参数
最高输入转速	9000r/min
转矩	≤ 260N·m
车辆驱动方式	电动机横置，前轮驱动
减速比	7.793
P 位功能	无
质量	23kg（不含润滑油）
润滑油规格	GL-4 75W-90 合成油
设计寿命	10 年 /30 万 km

图 6-29　减速器总成外形

（2）工作原理

减速器是依靠齿轮副来实现减速增矩的，其按功用和位置分为五大组件，如图 6-30 所示，包括左壳体、右壳体、输入轴组件、中间轴组件、差速器组件。动力传递路线为：驱动电机→输入轴→输入轴齿轮→中间轴齿轮→主减速器主动齿轮→主减速器被动齿轮→半轴齿轮→左、右半轴→左、右车轮。

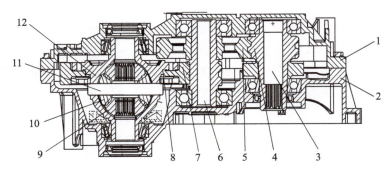

图6-30 减速器结构

1—左壳体 2—右壳体 3—输入轴 4—输入轴齿轮 5—中间轴齿轮
6—中间轴 7—主减速器主动齿轮 8—主减速器被动齿轮 9—半轴齿轮
10—行星齿轮 11—差速器轴 12—差速器壳

自测题

一、判断题

1．驱动电机调速范围宽，通常只设两级减速器或者不设减速器。（ ）
2．超级电容两电极分别与高压正、高压负母线排连接，作用是电动机起动时保持电压稳定。（ ）
3．放电电阻与超级电容并联，作用是接通高压直流电时，消耗掉超级电容放出的电流。（ ）
4．驱动电机的馈能电流必须小于BMS计算的最大充电电流。（ ）

二、单选题

1．测量电动机转子位置，经控制单元解码后可以获知电动机转速，这个部件是（　　）。

  A．电压传感器　　　　　　　　B．电流传感器
  C．温度传感器　　　　　　　　D．旋变传感器

2．输入三相电，采用永磁体励磁，转子转速与定子旋转磁场的转速相等的电动机，称作（　　）。

  A．直流永磁同步电动机　　　　B．交流永磁同步电动机
  C．交流异步电动机　　　　　　D．开关磁阻电动机

3．对IGBT温度、电机温度、转子位置实时监测，将信息发给VCU，进而控制水泵电动机和散热器风扇电动机运转，这个部件是（　　）。

  A．BMS　　　　　　　　　　　　B．OBC
  C．MCU　　　　　　　　　　　　D．BCU

4. 将直流电转换成三相交流电并且变频，控制电动机转动方向，车辆减速时回收能量，这个部件是（　　）。
   A．超级电容　　　B．放电电阻　　　C．电压传感器　　　D．IGBT

三、多选题

1. 对驱动电机的要求是（　　）。
   A．体积小、质量小　　　B．电压高　　　C．转矩特性优良
   D．调速范围宽　　　E．能量回收
2. 驱动总成是由（　　）组成。
   A．电机　　　B．高压盒　　　C．减速器
   D．差速器　　　E．驱动轴
3. 电机控制器具有（　　）、自诊断、保护等功能。
   A．控制电动机正反转　　　B．控制电动机速度　　　C．控制车辆爬行
   D．控制能量回收　　　E．通过CAN总线通信
4. 电机控制器的高压部分包括（　　）、直流高压插接器、UVW插接器等元器件。
   A．IGBT模块　　　B．控制器主板　　　C．驱动主板
   D．超级电容　　　E．放电电阻

第 7 章 整车控制系统

7.1 概述

7.1.1 整车控制系统

整车控制系统是电动汽车的神经中枢，承担了各系统的数据交换、信息传递、动力电池能量管理、驾驶人意图解析、安全监控、故障诊断等任务，对电动汽车动力性、经济性、安全性和舒适性等有很大的影响。整车控制系统分成三大子系统，如图 7-1 所示，包括低压电气系统、高压电气系统、网络控制系统。图 7-1 中，弱电控制部件称作 ECU（ECM），强电控制部件称作控制器。

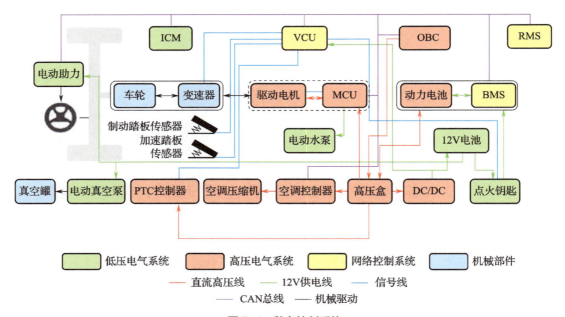

图 7-1 整车控制系统

（1）低压电气系统

低压电气系统主要由 12V 电池、低压线路、点火开关、继电器、电动水泵、电动制动真空泵、电动助力转向器、ICM（组合仪表）等组成，作用是为各电子控制单元、各高压部件控制器、各 12V 电动辅助设备供电。

（2）高压电气系统

高压电气系统主要由动力电池、驱动电机、MCU（驱动电机控制器）、OBC（车载充电机）、DC/DC 变换器、空调压缩机、压缩机控制器、PTC、PTC 控制器等组成，作用是将电能转换成机械能，或者整流、逆变、直流电压变换。

（3）网络控制系统

网络控制系统主要由 VCU（整车控制单元）、BMS（电池管理系统）、RMS（远程通信终端）、网关、CAN 总线等组成，作用是控制低压电气系统和高压电气系统。

7.1.2 整车控制单元

（1）VCU 基本作用

整车控制单元（Vehicle Controller Unit，VCU），如图 7-2 所示。VCU 是整车控制系统的核心部件，VCU 接收加速踏板、制动踏板、车速和剩余电量等信息，通过网络综合控制驱动车辆所需的工作部件，属于整个车辆的管理协调型控制部件。

（2）VCU 分层管理

VCU 由微处理器、电源及保护电路模块、I/O 接口和调试模块、A/D 模数转换模块、CAN 总线通信模块等组成，根据信号重要程度和实现次序，VCU 的运算分为四层，如图 7-3 所示。

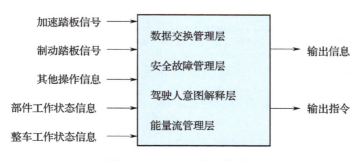

图 7-2　VCU

图 7-3　VCU 分为四层运算

1）数据交换管理层，接收 CAN 总线信息，对馈入 VCU 的物理量进行采集处理，并通过 CAN 总线发送控制指令，通过 I/O 接口提供对显示单元和继电器等的驱动信号，该层的功能是实现其他功能的基础和前提。

2）安全故障管理层，对于集成的数据进行分析判断，检测出故障后做出相应的处理，在保证车辆安全的条件下，给出部件可使用的工作范围，以尽可能满足驾驶意图。

3)驾驶人意图解释层,对采集到的驾驶人操作信息进行分析处理,并计算出驱动系统的目标转矩和车辆行驶的需求功率。

4)能量流管理层,在多个能量源之间进行需求功率分配。

(3)VCU 的演变

北汽新能源 EV 系列、EC 系列、EX200、EX360、EU 系列(除 EU5)、LITE,整车控制功能均由 VCU 负责。北汽新能源 EX3、EX5、EU5 取消 VCU,整车控制功能由电机控制器(MCU)、动力电池控制模块(BMS)分别负责。

7.1.3　CAN 总线系统

电动汽车各车型设计的 CAN 子系统个数和控制单元组合不尽相同,某车型 CAN 网络如图 7-4 所示,具有动力 CAN 系统、底盘 CAN 系统、车身 CAN 系统。动力 CAN 系统、底盘 CAN 系统是高速 CAN,传递速率为 500kbit/s;车身 CAN 系统是中速 CAN,传递速率为 125kbit/s。

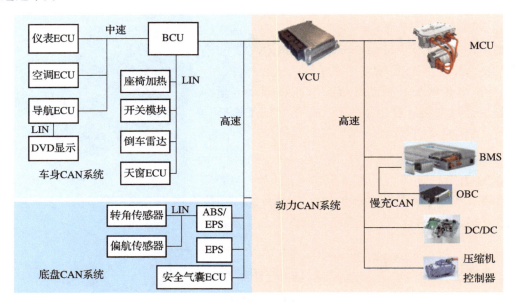

图 7-4　CAN 网络

1)动力 CAN 系统,协调 MCU、BMS、DC/DC、压缩机控制器相互通信,BMS 与 OBC 之间设有慢充 CAN 总线。

2)底盘 CAN 系统,协调 ABS/ESP、EPS、安全气囊 ECU 相互通信,ABS/ESP 带有两个从控制单元,即转向盘转角传感器、偏航传感器,电子稳定系统(ESP)利用这两个信号进行监控和计算。

3)车身 CAN 系统,协调 BCU、仪表 ECU、空调 ECU、导航 ECU 相互通信,BCU 作为主控制单元,通过 LIN 总线连接座椅加热模块、开关模块、倒车雷达模块、天窗模块四个从控制单元。导航 ECU 作为主控制单元,通过 LIN 总线连接 DVD 显示器。

7.2　VCU 的功能

不同车型对 VCU 设计的工作任务不相同，VCU 的一般功能见表 7-1。

表 7-1　VCU 的功能

序号	功能	
1	驾驶人意图解释	驱动控制
2	换档控制	
3	驱动控制	
4	制动能量回馈控制	
5	防溜车控制	
6	充电过程控制	电能控制
7	智能充电控制和电池均衡	
8	高压上下电控制	
9	整车能量优化管理	
10	电动化辅助系统管理	
11	车辆状态的实时监测和显示	网络控制
12	故障诊断与处理	
13	CAN 网络管理	
14	CCP 在线匹配标定	
15	远程查询	
16	远程控制	

（1）驾驶人意图解释

驾驶人意图解释主要是对驾驶人操作信息及控制命令进行分析处理，也就是将驾驶人的加速踏板位置信号和制动踏板位置信号根据某种规则，转化成驱动电机的需求转矩命令。驱动电机对驾驶人操作的响应性能，完全取决于整车控制对驾驶人意图的解释，直接影响驾驶人的控制效果和操作感觉。

（2）换档控制

档位管理关系到驾驶安全，VCU 能正确理解驾驶人意图，识别车辆合理的档位。在基于模型开发的档位管理模块中换档控制得到很好的优化，能在出现故障时作出相应处理保证整车安全，在驾驶人出现误操作档位时通过仪表等提示驾驶人，使驾驶人能迅速作出纠正，如图 7-5 所示。

（3）驱动控制

根据驾驶人对车辆的操纵输入（加速踏板、制动踏板、电子换档器）、车辆状态、道路及环境状况，经分析和处理，VCU 发出相应的指令，控制电动机的驱动转矩来驱动车辆，以满足驾驶人对车辆驱动的动力性要求。同时根据车辆状态，VCU 发出相应指令，保证车辆行驶的安全性、舒适性。

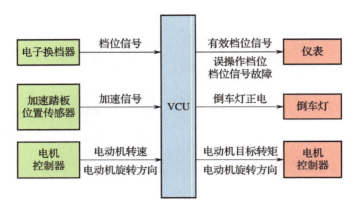

图7-5 换档控制

（4）制动能量回馈控制

VCU根据加速踏板和制动踏板的位置、车辆行驶状态信息以及动力电池的状态信息（如SOC），来判断某一时刻能否进行制动能量回馈。在满足安全性能、制动性能以及驾驶人舒适性的前提下，可在滑行制动和踩制动踏板时回收部分能量，制动过程中的驱动电机制动转矩由VCU控制。

根据加速踏板和制动踏板信号，VCU将制动能量回收分为两个阶段，如图7-6所示。阶段1脉谱图是车辆行驶中，驾驶人放开加速踏板，没有踩下制动踏板。阶段2脉谱图是车辆行驶中减速，驾驶人没有踩加速踏板，踩下制动踏板。如果驾驶人放开加速踏板后立即踩下制动踏板，则能量回收直接进入阶段2。

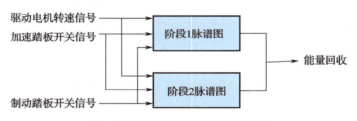

图7-6 回馈控制的两个阶段示意图

制动能量回馈原则：能量回收不应干预ABS的工作。当ABS进行制动力调节时，制动能量回收不应该工作；当ABS报警时，制动能量回收不应该工作；当驱动电机系统有故障时，制动能量回收不应该工作。

（5）防溜车控制

电动汽车在坡上起步时，从放开制动踏板到踩下加速踏板的过程中，会出现车辆向后溜车的现象。在坡上行驶过程中，如果驾驶人踩加速踏板的深度不够，也会出现车速逐渐降至0km/h，然后向后溜车的现象。为了防止电动汽车在坡上起步和行驶过程中向后溜车，在整车控制策略中增加了防溜车功能。防溜车功能可以保证车辆在坡上起步时，向后溜车小于10cm；在车辆上坡行驶过程中如果动力不足，车速慢慢降到0km/h时，可将车速保持在0km/h，不再向后溜车。

（6）充电过程控制

充电过程控制是指 VCU 与电池管理系统共同进行充电过程中的充电功率控制。当插入充电枪，VCU 接收到充电信号后，应该保证车辆在充电状态下处于行车锁止状态，并根据电池状态信息限制充电功率，保护电池。

（7）智能充电控制和电池均衡

有些车型具有智能充电系统（IBS），例如北汽新能源 EX3，在车辆停放期间，当 12V 电池 SOC 低于 73% 时，VCU 自动唤醒 BMS 进行充电，SOC 到达 93% 时自动停止。有些车型在慢充电结束后，VCU 自动对单体电池进行均衡。

（8）高压上下电控制

高压上下电控制是指根据驾驶人对点火开关的控制，进行动力电池的高压继电器开关控制，以完成高压设备的电源通断和预充电控制。高压上下电流程处理即协调各相关部件的上电与下电流程，包括电机控制器、电池管理系统等部件的供电，预充继电器、主负继电器及主正继电器的吸合和断开等。

（9）整车能量优化管理

如图 7-7 所示，通过对高压系统的动力电池、驱动电机、DC/DC、电动压缩机、PTC，以及低压系统的电动助力转向（EPS）、电动真空泵、空调系统、车身控制模块（BCM）等的协调和管理，提高整车能量利用效率，延长续驶里程。

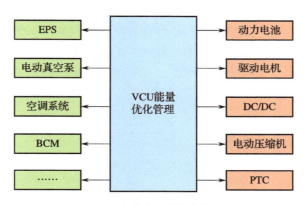

图 7-7　整车能量优化管理

（10）电动化辅助系统管理

驱动系统以外称作电动化辅助系统，包括电动压缩机（高压供电）、电动助力转向（12V 供电）、电动真空助力泵（12V 供电）。VCU 根据动力电池以及低压电池状态，对电动化辅助系统进行监控。

（11）车辆状态的实时监测和显示

VCU 对车辆的状态进行实时监测，如图 7-8 所示，并且将各个子系统的信息发送给车载信息显示系统（仪表控制单元），其过程是通过传感器和 CAN 总线，检测车辆状态及其动力系统及相关电器附件、相关各子系统状态信息，并通过数字仪表显示出来，如图 7-9、图 7-10 所示。

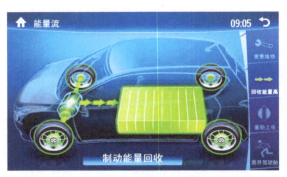

图 7-8　车辆状态实时监测

图 7-9　车辆行驶状态显示

图 7-10　车辆倒车距离显示

（12）故障诊断与处理

VCU 连续监视整车电控系统，根据传感器的输入及其他通过 CAN 总线通信得到的驱动电机、动力电池、充电机等信息，对各种故障进行判断、等级分类、报警显示、存储故障码，供维修时查看。故障处理方式分为：上报不处理、限功率、待机、禁止高压上电、禁止充电、禁止行车制动能量回收、立即高压下电。故障指示灯指示出故障类型和部分故障码，VCU 将故障分为三级并进行处理，见表 7-2。

表 7-2　故障分级

级别	名称	故障举例	处理方式
1 级	危急故障	动力电池温度过高、绝缘电阻过低等	立即高压下电
2 级	紧急故障	绝缘电阻低、温度不均衡等	限功率、待机、禁止高压上电、禁止充电
3 级	预警故障	动力电池电压较低、充电电流较大等	上报，不处理

（13）CAN 网络管理

在整车 CAN 网络管理中，VCU 是信息控制的中心，具有信息的组织与传输、网络节点（控制单元）的管理、信息优先权的动态分配、网络状态的监控、网络故障的诊断与处理等功能。

（14）CCP 在线匹配标定

通信控制处理机（Communication Control Processor，CCP），在 CAN 中使用是为了

将通信功能从主机中分离出来,以减轻主机的负荷。CCP 的主要作用是监控 ECU 工作变量、在线调整 ECU 的控制参数、保存标定数据结果以及处理离线数据等。完整的标定系统包括上位机 PC 标定程序、PC 与 ECU 通信硬件连接及 ECU 标定驱动程序三个部分。

（15）远程查询

用户可以通过手机 App 实时查询车辆状态,了解自己爱车的状况,包括剩余电量（SOC）、续驶里程等,如图 7-11 所示。

图 7-11　远程查询

（16）远程控制

如图 7-12 所示,用户在出门前可以通过手机指令,实现充电控制、空调控制、电池预加热控制等,实现刚上车就进入一个舒适的环境和温度。如图 7-13 所示,用户离开车辆时将充电枪插入慢充口,并不进行立即充电,可以利用电价波谷并在家里实时查询 SOC,需要充电时通过手机 App 发送远程充电指令。

图 7-12　远程控制

图 7-13　远程充电控制

7.3 VCU 与各设备的连接

（1）VCU 与电子换档器连接

北汽新能源 EU 系列装有旋钮式电子换档器，如图 7-14 所示，转动旋钮可选择 R 位、N 位、D 位、E 位，同时仪表板显示对应的档位字母。电子换档器向 VCU 提供 4 个信号，如图 7-15 所示。每个信号 0.1~0.9V 判定为"0"，2.8~3.95V 判定为"1"，四位二进制代码表示相应的档位，见表 7-3。在换档旋钮下方有制动能量回收按键，如图 7-14 中红圈所示，有"E+"和"E-"两个按键，"E+"表示能量回收强度增加，"E-"表示能量回收强度减小，制动能量回收共有 3 级，当位于 D 位和 E 位时，可在 1 级和 3 级之间调节。E 位是经济模式，通过降低加速和最高车速等动力性能，降低能耗。

图 7-14 换档旋钮

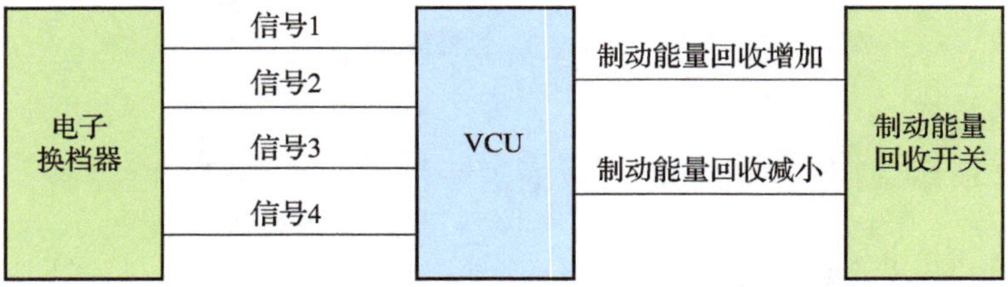

图 7-15 VCU 与电子换档器连接

表 7-3 电子换档器信号

档位	信号 1	信号 2	信号 3	信号 4
R	1	1	0	0
N	1	0	0	1
D	0	1	0	1
E	0	1	1	0

（2）VCU 与加速踏板传感器连接

加速踏板传感器向 VCU 提供驾驶人行驶意图，该传感器向 VCU 提供两组信号，信号 1 和信号 2，如图 7-16 所示，VCU 将两组信号对比使用。

加速踏板角度以 0.2°~14.5°（深度范围为 0%~100%）变化时，信号 1 电压的变化范围是 0.7~4.8V，信号 2 电压的变化范围是 0.37~2.4V，如图 7-17 所示。

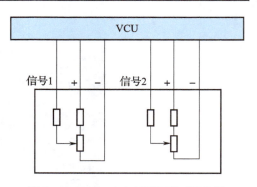

图 7-16 VCU 与加速踏板传感器连接

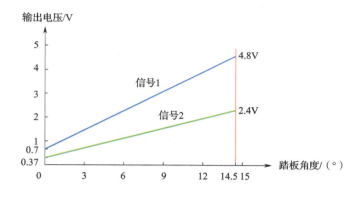

图 7-17 加速踏板传感器信号电压

（3）VCU 与制动踏板传感器连接

制动踏板传感器向 VCU 提供两组制动踏板深度信号，分别为信号 1 和信号 2，如图 7-18 所示，VCU 将两组信号对比使用，进行制动能量回收和制动力控制，VCU 同时发出信号控制制动灯点亮。

（4）VCU 与 BMS 连接

如图 7-19 所示，VCU 通过硬线对 BMS 发出唤醒信号、对主负继电器发出闭合信号，通过 CAN 线询问 BMS 是否有接收方面故障。BMS 反馈给 VCU 的信号有动力电池电量、动力电池温度、动力电池电压、动力电池电流。

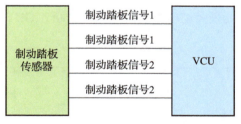

图 7-18　VCU 与制动踏板传感器连接

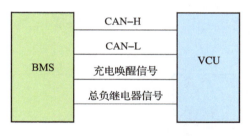

图 7-19　VCU 与 BMS 连接

（5）VCU 与 OBC 连接

如图 7-20 所示，当插入慢充枪后，OBC 感知 CC 与 PE 之间接通，OBC 向 VCU 发出充电唤醒信号，再由 VCU 向组合仪表发出充电唤醒信号。OBC 向 VCU 发出充电连接确认信号，再由 VCU 向组合仪表发出充电连接确认信号，仪表板上慢充指示灯点亮。

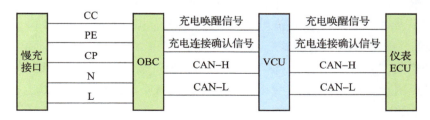

图 7-20　VCU 与 OBC 连接

北汽新能源 EX3、EX5 具有双向充电功能，即在单向车载充电机的基础上进行硬件、软件升级，可以对 220V 通用电器供电，例如电水壶、电磁炉。如图 7-21 所示，①连接转换线插头到慢充口；②连接电磁炉插头到转换线插座；③按下仪表板双向充电"Vtol"按键；④开始使用电磁炉。

①

②

③

④

图 7-21　动力电池对电磁炉供电

（6）VCU 与 PTC 控制器连接

各品牌车型设计不同，PTC 控制器可以安装在高压盒内、压缩机控制器内或单独设立。VCU 通过 CAN 总线与高压盒内 PTC 控制器通信，如图 7-22 所示，VCU 根据驾驶人指令和 PTC 温度传感器信号，控制 PTC 的分组通电或断开。

（7）VCU 与 MCU 连接

VCU 通过 CAN 总线向 MCU 发出转矩需求信号，以及询问 MCU 是否有接收方面故障，如图 7-23 所示。MCU 反馈给 VCU 的信息有驱动电机转速、驱动电机温度、电机控制器温度。能量回馈时，VCU 通知 MCU，6 个 IGBT 不再工作，而由三相桥式整流器自动工作。当回收电流大于动力电池允许的最大充电电流时，MCU 执行 IGBT 工作状态。

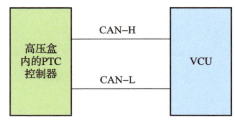

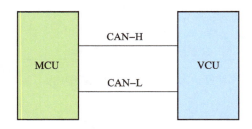

图 7-22　VCU 与 PTC 控制器连接　　　图 7-23　VCU 与 MCU 连接

（8）VCU 与 DC/DC 连接

在慢充电或行车中，VCU 对继电器发出"使能"信号，如图 7-24 所示，继电器闭合，DC/DC 开始工作，将高压直流电转换成 14V 直流电，对蓄电池充电。"使能"的英文是 enable，前缀 en 是使的意思，able 是能够的意思，合起来就是"使能"，是一个动词，通俗说是"允许"信号。当 VCU 发出"使能"信号，继电器线圈"85"搭铁，线圈通电触点闭合。当 DC/DC 本身出现故障时，DC/DC 通过故障信号线上报 VCU，再由 VCU 报送组合仪表，仪表板上的充电故障灯点亮。

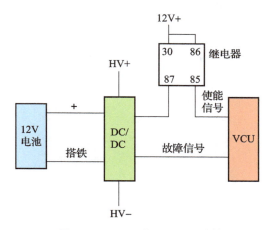

图 7-24 VCU 与 DC/DC 连接

（9）VCU 与压缩机控制器连接

有的车型 VCU 还兼有空调控制单元的作用，如图 7-25 所示，驾驶人操作空调面板，VCU 接收空调面板发来的 A/C 开关、温度设定、鼓风机风速、蒸发器温度、室内温度、制冷管路压力等信号。VCU 通过 CAN 总线将执行信号传送给压缩机控制器，控制压缩机工作并执行不同转速。

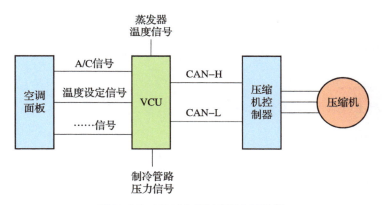

图 7-25 VCU 与压缩机控制器连接

（10）VCU 与 RMS 连接

数据采集终端（RMS）也称作车联网系统（Telematics BOX，T-BOX），VCU 通过 CAN 总线与 RMS 连接，如图 7-26 所示。RMS 的一般功能：①服从 VCU 的控制命令，获取整车相关信息；②利用 GPS/北斗对车辆进行定位；③将数据存储到本地 SD 卡中，供软件读取和分析；④将信息按规定的时间和数据量，以无线的方式发送到服务平台，并且做到信息的保密；⑤保存车辆最近一段时间的数据，作为"黑匣子"提供车辆故障或事故发生前的数据信息；⑥在通信网络不畅的情况下，自动将数据存储在闪存区，等待网络正常后自动上传至服务平台；⑦当检测到 GPS 等模块出现故障时主动上报警情监控中心；⑧支持远程自动升级功能，自动接收服务平台升级指令完成软件升级。

（11）VCU 与远程模式开关连接

北汽新能源在高配车上装有远程模式按键，如图 7-27 所示，按下按键，远程模式指示灯点亮，用户可以利用手机进行远程充电控制、远程空调控制、远程电池预加热控制等。

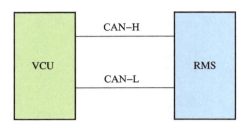

图 7-26　VCU 与 RMS 连接

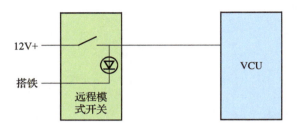

图 7-27　VCU 与远程模式开关连接

7.4　低压、高压上电原理

7.4.1　电动汽车上电特点

燃油汽车只有 12V 电池，电动汽车有 12V 电池和动力电池，所以上电方式与燃油汽车不同，电动汽车上电方式包括低压上电、高压上电。

电动汽车上电原理：VCU 控制、协调各控制单元，使各控制单元按顺序合理地发出或断开低压控制信号，控制动力电池继电器接通或断开，从而使车辆正确完成上电和下电，同时进行信息交换和故障监测。整个过程必须保证逻辑正确、顺序合理、故障检测有效。

7.4.2　低压上电原理

下面以北汽 EV200 电路图为例进行分析。

（1）低压供电途径

1）常 12V 供电，亦称 30 号线，如图 7-28 中的红色线，12V 电池正极长期供电 OBC、ON 档继电器、电动机继电器、倒车灯继电器、空调继电器、BMS、DC/DC、RMS、ICM、VCU 等。

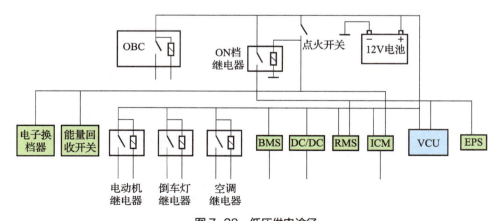

图 7-28　低压供电途径

2）ACC供电，亦称辅助电器线，当点火开关拧到ACC档，为辅助电器供电，例如点烟器（这是燃油汽车电路的保留，因不涉及电动汽车特有部件，故在图7-28中未画出）。

3）IG供电，亦称15号线，如图7-28中的蓝色线，当点火开关拧到ON档时，12V电池正极向ON档继电器线圈、电子换档器、制动能量回收开关、ICM等供电。

4）唤醒模式供电，如图7-28中的绿色线，继电器接收到唤醒信号后触点闭合，控制单元收到唤醒信号后由待机转为工作。OBC继电器接收来自慢充插口的唤醒信号，电动机继电器接收来自VCU的唤醒信号，倒车灯继电器接收来自VCU的唤醒信号，空调继电器接收来自空调面板的唤醒信号，BMS、DC/DC、ICM接收来自VCU的唤醒信号。

（2）唤醒模式

有五种唤醒模式：ON档唤醒（运行模式）、快充唤醒（快充模式）、慢充唤醒（慢充模式）、远程唤醒（远程慢充模式/远程运行模式）、网络唤醒（DC/DC转换模式）。各模式优先级：快充模式＞远程慢充模式＞慢充模式＞运行模式＞远程运行模式＞DC/DC转换模式。

1）ON档唤醒。如图7-29所示，钥匙拧到ON档，点火开关IG触点闭合。ON档继电器收到ON档信号，如图7-30所示，继电器线圈通电，触点闭合发出唤醒信号，唤醒VCU、RMS、EPS。再由VCU发出唤醒信号，唤醒电动机继电器、BMS、DC/DC。钥匙拧到START档，该信号发送至BCM，防盗系统核实钥匙芯片电子代码与车辆登记ID代码一致，起动驱动电机，此时慢充系统、快充系统不工作。对于智能钥匙，无钥匙起动/停止按键有三个档位"OFF""RUN""ACC"，按到"RUN"位置时防盗系统核实钥匙是否授权。

图7-29 点火开关

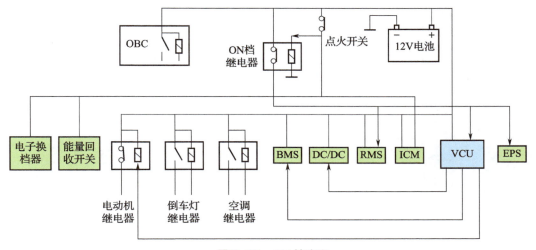

图7-30 ON档唤醒

2）快充唤醒。插入直流快充枪，如图7-31所示。直流充电桩发出唤醒信号，如图7-32中紫色线，实际是12V电压，亦称双路供电。VCU、RMS被唤醒，开始工作后由直流充电桩供电转为车辆12V蓄电池供电。再由VCU唤醒BMS、DC/DC、ICM，此时快充系统工作，驱动电机系统、慢充系统不工作；如果此时打开点火开关至ON档，VCU不会向电动机继电器发出唤醒信号。

图7-31 插入快充枪

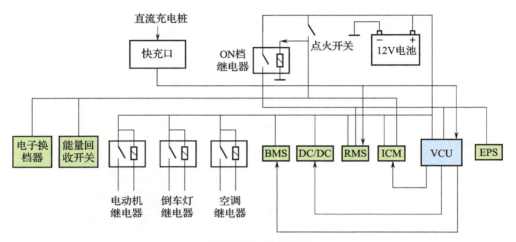

图7-32 快充唤醒

3）慢充唤醒。插入交流220V慢充枪，如图7-33所示。OBC发出唤醒信号，如图7-34中紫色线，唤醒VCU、RMS。再由VCU发出唤醒信号，唤醒BMS、DC/DC、ICM，此时慢充系统工作，驱动电机系统、快充系统不工作；如果此时打开点火开关至ON档，VCU不会向电动机继电器发出唤醒信号。

图7-33 插入慢充枪

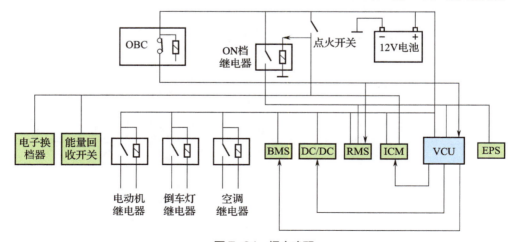

图7-34 慢充唤醒

4）远程唤醒。北汽新能源在高配车上装有远程模式开关，如图7-35所示，按下模式开关，远程控制功能开启。远程App（应用程序）通过4G网络唤醒RMS，如图7-36中紫色线，再由RMS唤醒VCU，然后VCU唤醒BMS、DC/DC、ICM等。购车时4S店告知用户服务网登录网址、初始账号、初始密码，用户自行下载手机App应用软件。

图7-35　远程模式开关

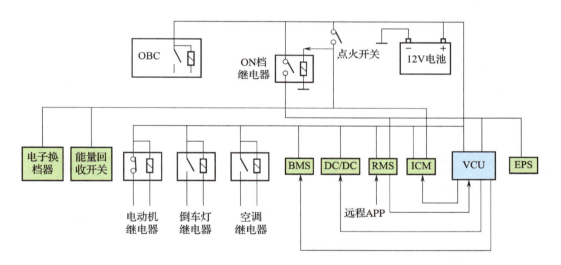

图7-36　远程App唤醒

5）网络唤醒。北汽新能源EX3设有网络唤醒模式，蓄电池负极装有IBS（蓄电池信息采集智能传感器），如图7-37所示，端子1为12V供电，端子2连接LIN线。当蓄电池剩余电量（SOC）低于73%时，网络唤醒VCU、DC/DC等设备，SOC达到93%时自动停止充电。

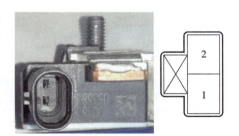

图7-37　IBS

7.4.3　高压上电原理

（1）高压部件

高压电存储部件：动力电池。

高压电部件：驱动电机、电机控制器、高压盒（含有 PTC 控制器）、车载充电机、DC/DC、电动压缩机、电动压缩机控制器、PTC。

（2）预充继电器、预充电阻的作用

如果驱动电机控制器直接加上动力电池电压，会对控制器高压器件形成冲击，接通高压电的瞬间造成高压器件损毁。由于有预充电阻的分压，会降低对高压器件的冲击，实行预充继电器和主正继电器的接通时序，达到高压系统安全上电。

（3）高压继电器的控制顺序

首先 VCU 指令主负继电器接通，然后 BMS 指令预充继电器接通，当预充结束后 BMS 指令主正继电器接通，同时预充继电器断开。

（4）高压上电、下电流程

当换档旋钮置于 N 位，点火开关拧到 ACC 档时，对车辆附属电器（如收音机）供电。点火开关拧到 ON 档时，如图 7-38 所示，绿色表示正常上电流程，红色表示有故障自动下电流程。如果高压上电正常，仪表板"READY"绿色指示灯点亮，允许起步行车。点火开关由 ON 档拧到 ACC 档，如果此时高压电输出功率为零，则执行下电流程。

有的车型，当换档旋钮置于 N 位，点火开关拧到 ON 档时，只是低压上电；当点火开关拧到 START 档时，高压开始检测上电。高压上电正常时，仪表板"READY"绿色指示灯点亮，允许起步行车。

7.5 故障诊断

7.5.1 指示灯/警告灯

电动汽车驱动系统指示灯/警告灯见表 7-4。液晶屏显示驱动系统数据，包括功率表、SOC、平均电耗显示、瞬时电耗显示、续驶里程。

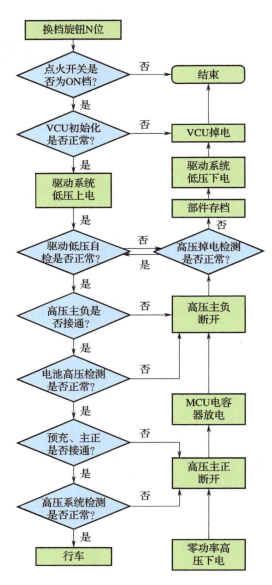

图 7-38 高压上电、下电流程

表 7-4 驱动系统指示灯 / 警告灯

序号	图标	说明	序号	图标	说明
1	Ready	预备完成	8		制动能量回收等级
2		动力系统防盗	9		制动能量回收关闭
3		动力电池电量不足	10		驱动功率限制
4		充电线连接	11		系统故障
5		充电提醒 / 充电	12		电动机过热
6		高压断开	13		电动机故障
7		动力电池故障	14		12V 蓄电池故障

7.5.2 诊断座端子定义

随车诊断系统（On-Board Diagnostics，OBD）插座也称作诊断座，如图 7-39 所示。诊断座端子通常定义：端子 4、5 连接地线、端子 7 连接 K 线、端子 16 连接 12V 正极。其他端子定义因车型而定，北汽 EV200 的诊断座端子定义见表 7-5。

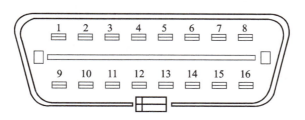

图 7-39 诊断座

表 7-5 北汽 EV200 的诊断座端子定义

端子	定义	端子	定义
1	新能源 CAN-H	9	新能源 CAN-L
2	快充 CAN-H	10	快充 CAN-L
3	动力电池 CAN-H	11	动力电池 CAN-L
4	地线	12	空
5	地线	13	空
6	原车 CAN-H	14	原车 CAN-L
7	K 线	15	空
8	空	16	12V+

7.5.3 故障诊断仪

各品牌电动汽车都有自己的专用诊断仪，另外还有电动汽车通用诊断仪。北汽新能源专用诊断仪TC-6001，适用EV、EU等系列，后期新增车型可以在线升级。TC-6001可以读取数据流、故障码等实时数据，在北汽新能源汽车维修、职业技术培训中具有十分重要的作用。诊断仪套装包括：诊断线束、数据终端盒、笔记本计算机（自配）。该诊断仪由国内企业自主研发，硬件采用汽车专用双核处理器，软件兼容所有汽车协议，使用标准802.11b/g WiFi无线通信，或与笔记本计算机点对点无线连接。

诊断仪操作方法：①连接诊断线束；②进入主界面，如图7-40所示；③选择诊断程序版本号；④选择车型；⑤进入快速测试；⑥查询故障码；⑦读取数据流；⑧读取数据冻结帧；⑨清除故障码。

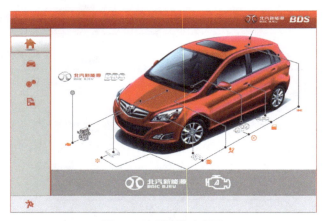

图7-40 诊断仪主界面

自测题

一、判断题

1. VCU 接收加速踏板、制动踏板、车速和剩余电量等信息，通过网络综合控制驱动车辆所需的部件工作。（   ）
2. 智能充电系统在车辆停放期间，当蓄电池 SOC 低于 73% 时，VCU 唤醒 BMS 自动充电，SOC 达到 93% 时自动停止。（   ）
3. 高压上电顺序：主负继电器接通、预充继电器接通、预充继电器断开、主正继电器接通。（   ）

二、单选题

1. 传递速率为 125kbit/s 的总线系统是（   ）。
   A．动力 CAN 系统 B．底盘 CAN 系统
   C．LIN 总线系统   D．车身 CAN 系统

2. 根据某种规则将加速踏板位置信号和制动踏板位置信号，转变成驱动电机的需求转矩命令，是（　　）功能的其中一项。
   A．BCM　　　　B．VCU　　　　C．MCU　　　　D．BCU
3. 仪表板"READY"绿色指示灯点亮，说明（　　）正常。
   A．低压已上电　　　　　　　　B．高压已上电
   C．低压、高压已上电　　　　　D．高压已下电

三、多选题

1. 整车控制系统的功用是数据交换、（　　）。
   A．信息传递　　　　　　　　B．动力电池能量管理
   C．驾驶人意图解析　　　　　D．安全监控
   E．故障自诊断
2. 网络控制系统的功用是控制低压电气系统和高压电气系统，主要由（　　）组成。
   A．VCU　　　　B．BMS　　　　C．RMS
   D．网关　　　　E．CAN
3. 纯电动汽车的低压供电唤醒模式包括（　　）。
   A．ON 档唤醒　　B．快充唤醒　　C．慢充唤醒
   D．远程唤醒　　　E．网络唤醒

第 8 章 辅助系统

在电动汽车辅助系统中，很多辅助装置在燃油汽车中已装备，例如电动助力转向系统（EPS）、防抱死制动系统（ABS）等，这些装置汽车维修人员早已掌握。本章只介绍电动汽车特有的辅助装置，包括电动压缩机、PTC 加热器、冷却系统、制动助力系统。

8.1 制冷系统

8.1.1 制冷系统组成

空调系统包括制冷、加热、通风、空气净化、电子控制五个子系统，制冷系统主要由电动压缩机、冷凝器、储液干燥罐、膨胀阀、蒸发器、压力开关等组成，如图 8-1 所示。

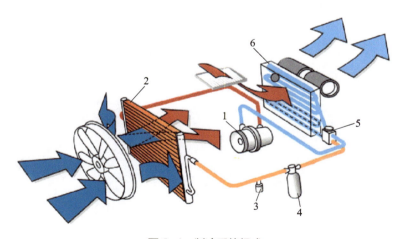

图 8-1 制冷系统组成
1—电动压缩机 2—冷凝器 3—压力开关
4—储液干燥罐 5—膨胀阀 6—蒸发器

制冷系统以压缩机为分界，分为低压、高压两部分，低压为0.2~0.25MPa，高压为1.5~1.6MPa，平衡状态的压力在0.6MPa左右，使用R134a或R1234yf等制冷剂和专用冷冻油。制冷剂循环如图8-2所示，蓝色数值是低温低压气态，红色数值是高温高压气态，橘黄色数值是高温高压液态，绿色数值是低温低压雾状，单位换算：1bar=0.1MPa。

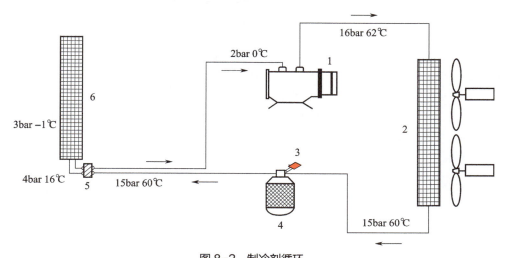

图8-2 制冷剂循环

1—电动压缩机 2—冷凝器 3—压力开关
4—储液干燥罐 5—膨胀阀 6—蒸发器

8.1.2 电动压缩机

（1）对电动压缩机的要求

电动压缩机是电动汽车特有设备，用来代替燃油汽车发动机使用传动带驱动的压缩机。要求电动压缩机效率高、结构紧凑、质量轻、噪声低、成本低、能在各种气候下工作。电动压缩机由电动机、制冷压缩机、电机控制器组成，用螺栓固定在底盘上。

（2）电动机类型

电动机有直流和交流两种类型，直流电动机通过改变直流电压调速，交流电动机通过改变三相交流电的频率调速。北汽新能源EV200采用直流无刷无传感器电动机，如图8-3所示，高压插座连接高压盒"高压+"和"高压-"端子，低压插座连接12V正极、搭铁线、CAN-H和CAN-L。电机控制器接收CAN总线发来的指令，利用可控硅改变直流电压进行有级或无级调速。

EV200采用的直流无刷无传感器电动机内部结构如图8-4所示，定子上有6个

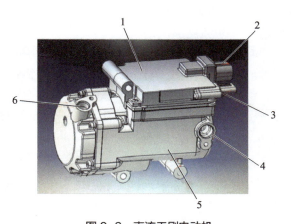

图8-3 直流无刷电动机

1—控制器 2—高压插座 3—低压插座 4—制冷剂进口
5—直流无刷电机 6—制冷剂出口

线圈磁极，转子是永久磁极，转速范围是1000~6500r/min。该电动机未采用冷却液散热，电动机由吸入的低温低压气态制冷剂的蒸发冷却，电机控制器自然冷却。

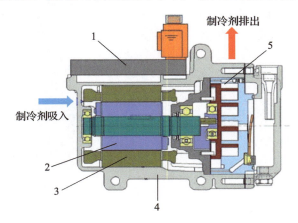

图 8-4 电动机内部结构

1—电机控制器　2—永久磁极　3—线圈磁极
4—外壳　5—涡旋式压缩机

8.1.3 涡旋式压缩机

燃油汽车的压缩机有斜盘式（固定排量）、可变斜盘式（可变排量）。电动汽车常采用涡旋式压缩机，其排量不变，通过改变电动机的直流电压或改变交流三相电频率，来改变输出流量。

（1）优点

1）高效节能、可靠性高。吸气、压缩、排气连续单向进行，没有柱塞压缩时的气体泄漏，轴密封采用摩擦小的柔性机构。

2）结构简单、体积小、质量轻。体积是柱塞压缩机的40%，质量是柱塞压缩机的85%。

3）容积效率高。因为没有吸气阀，气体在多腔室连续压缩，所以容积效率高，特别适用于变频调速电动机。

4）起动转矩小、噪声低、振动小。一对涡旋盘中几个月牙空间可以同时进行压缩，即多腔室连续压缩，数个不同相位的工作循环同时进行，前一个波峰恰与后一个波谷叠合，故驱动转矩变化很小，压缩机运转平稳。由于排气连续进行，排气阀片的机械撞击和气流脉动几乎不存在，噪声比其他类型压缩机低3~5dB。运动部件做半径很小的圆周运动，惯性力小，振动非常小。

（2）结构

涡旋压缩机分解如图8-5所示，主要由静涡旋盘、动涡旋盘、电机控制器、永磁转子等组成。因为气体被吸入两个涡旋盘之间，被压缩而提高压力，所以称作涡旋式压缩机。

（3）工作原理

两个涡旋盘同为渐开线形，相互成180°装配在一起，如图8-6所示。静涡旋盘固定，动涡旋盘沿着很小的偏心距（偏心回转半径）轨道做逆时针摆动。动涡旋盘只有公转，没有自转，两个涡旋盘接触，形成三个变容积的腔室。

图 8-5 涡旋压缩机分解　　　　　图 8-6 动、静涡旋盘

1—电动机前端盖　2—电机控制器　3—电动机外壳
4—永磁转子　5—电动机后端盖　6—动涡旋盘
7—静涡旋盘　8—压缩机外壳

动涡旋盘逆时针摆动至第 1 个 360° 时，如图 8-7 所示，第 1 个腔室在进气（气体以蓝色表示），第 2 个腔室将上一个 360° 吸入的气体压缩（气体以黄色表示），第 3 个腔室将上一个 360° 压缩的气体排出（气体以红色表示）。动涡旋盘逆时针摆动至第 2 个 360°，第 1 个腔室的进气转给第 2 个腔室压缩，第 2 个腔室的压缩气体转给第 3 个腔室排出，而第 1 个腔室重新进气。网上有关于涡旋式压缩机工作原理的视频，读者可搜索观看，进一步理解涡旋式压缩机的工作原理。压缩机旋转 360°，三个腔室分别完成进气、压缩、排气，没有负荷的起伏变化，因此运转非常平稳，这种特性对驱动电机非常有利。

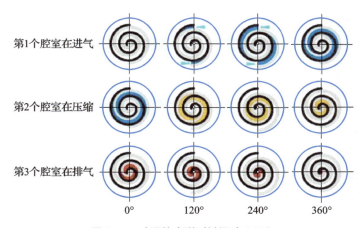

图 8-7 动涡旋盘逆时针摆动 360°

8.1.4 制冷剂

制冷剂是制冷循环系统内的工作介质，常用制冷剂见表 8-1，全球增温潜能值（Global Warming Potential，GWP）是大气中氯氟化碳物质对全球性气温变暖的影响能力的数值，R134a 全球增温潜能值大，将逐渐被淘汰。制冷剂不能混用，否则会导致制

冷效果下降,甚至损害制冷系统,尤其是压缩机。

表 8-1 常用制冷剂

种类	R134a (四氯乙烷)	R1234yf (四氟丙烯)	CO_2 (二氧化碳)
GWP	1300	4	1
优缺点	优点: 1. 标准大气压下沸点为 −26.5℃; 2. 凝固温度为 −101℃; 3. 临界温度为 101℃; 4. 临界压力为 40.7bar; 5. 无色、无味、不燃烧不爆炸,基本无毒性; 6. 化学稳定性好; 7. 黏度低、流动性好; 8. 吸水性、水溶性好 缺点: 全球增温潜能值大	优点: 1. 热力性能和 R134a 接近; 2. 汽车空调运行时制冷循环的效率较高; 3. 毒性较小; 4. 全球增温潜能值小 缺点: 具有轻度可燃性	优点: 1. 可以从工业废气中提取,价格低廉; 2. 对臭氧层无破坏作用,温室效应几乎没有,无须回收; 3. 蒸发潜能大,制冷部件可以缩小; 4. 运动黏度低 缺点: 1. 临界温度低; 2. 系统压力高; 3. 在空气中浓度超过 10% 时会引起窒息

8.1.5 电动压缩机端子定义

(1) 技术参数

北汽新能源 EV200 电动压缩机技术参数见表 8-2。压缩机排量单位是 mL/rev,rev 的中文是快速转动,涡旋式压缩机只具有排气阀片而不具有进气阀片,慢速转动会使压缩的气体返回进气口,因此,每快速转动 360° 才能实现 27mL 的排量。

表 8-2 电动压缩机技术参数

项目	技术参数
工作电压范围	DC 220~420V
额定输入电压	DC 384V
实际定输入功率	1000~1500W
控制电源电压范围	DC 9~15V
控制电源最大输入电流	500mA
电动机类型	直流无刷无传感器电动机
最大使用转速	3500r/min
最小使用转速	1500r/min
转速误差	<1%
排量	27mL/rev
制冷剂	R134a
冷冻油	RL68H(POE68)
最大使用制冷量	2500W

（2）端子定义

北汽新能源 EV200 电动压缩机插座如图 8-8 所示，分为高压插座和低压插座，各端子定义见表 8-3。

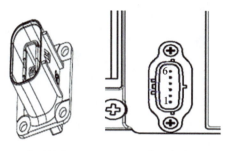

高压插座　　　　低压插座

图 8-8　电动压缩机插座

表 8-3　电动压缩机插座端子定义

插座	端子	定义	备注
高压插座	A	高压 +	来自高压盒
	B	高压 −	
低压插座	1	12V DC+	来自低压控制系统
	2	高低压互锁信号	
	3	高低压互锁信号	
	4	地线	
	5	CAN–H	
	6	CAN–L	

8.2　加热器

加热器类型有 PTC 空气加热器、WTC 水加热器、热泵式空调系统、远红外制热系统等。

8.2.1　PTC 空气加热器

（1）空气加热空调箱

装有 PTC 空气加热器的空调箱如图 8-9 所示，PTC 加热元件的安装位置如图 8-10 所示。

（2）PTC 加热元件

PTC 加热元件由 PTC 陶瓷发热元件与铝管组成，具有热阻小、发热效率高的优点，是一种自动恒温、省电、安全性能好的电加热器。北汽新能源 EV200 的 PTC 加热元件如图 8-11 所示，PTC 总成结构如图 8-12 所示。

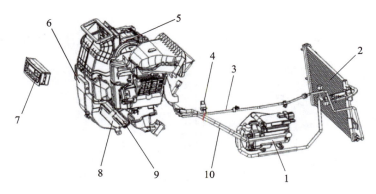

图 8-9 PTC 空气加热空调箱

1—电动压缩机 2—冷凝器 3—高压管路 4—压力开关
5—空调箱 6—风道 7—空调控制面板 8—盖板
9—PTC 加热元件 10—低压管路

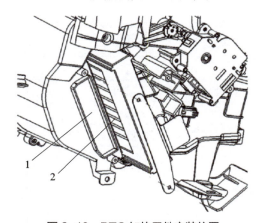

图 8-10 PTC 加热元件安装位置

1—盖板 2—PTC 加热元件

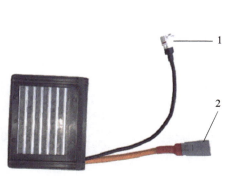

图 8-11 PTC 加热元件

1—温度传感器插头 2—高压插头

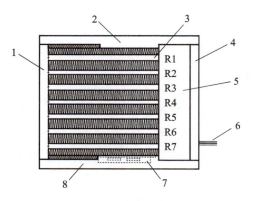

图 8-12 PTC 总成结构

1—左边框 2—上边框 3—PTC 元件 4—右边框
5—盖板 6—高压电缆 7—熔断器底座 8—下边框
R1~R7—PTC 元件编号

（3）PTC 技术参数

PTC 总成设有功率为 1.5kW 和 2kW 的两组 PTC 加热元件，如图 8-13 所示，高压 + 与两组加热元件的公共端连接，两组元件的另一端分别连接 PTC 控制器。PTC 控制器根据空调控制单元指令，可以接通一组或同时接通两组加热元件，PTC 技术参数见表 8-4。

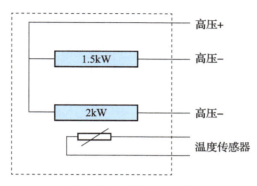

图 8-13　PTC 电气连接

表 8-4　PTC 技术参数

项目	技术要求	试验条件
额定输入电压	随动力电池电压	336V
额定功率	3500W	环境温度：（25±1）℃ 施加电压：（384±1）V DC 风速：4.5m/s
功率偏差率	±10%	
冷态最大起始电流	20A	环境温度：（25±1）℃ 施加电压：（336±1）V DC
每一组冷态电阻	80~300Ω	在（25±1）℃环境下，放置 30min 以上测量

（4）PTC 控制原理

PTC 控制器主板如图 8-14 所示，PTC 控制原理如图 8-15 所示。

图 8-14　PTC 控制器主板

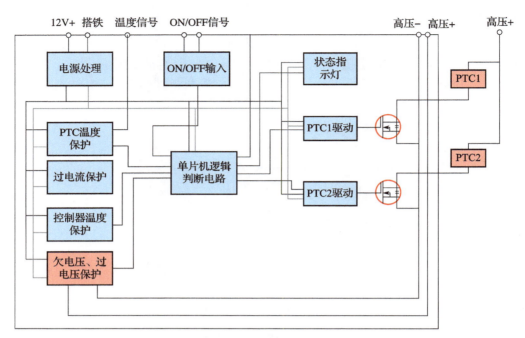

图 8-15 PTC 控制原理图

8.2.2 WTC 水加热器

装有 WTC 水加热器的空调箱如图 8-16 所示，空调箱内部如图 8-17 所示。

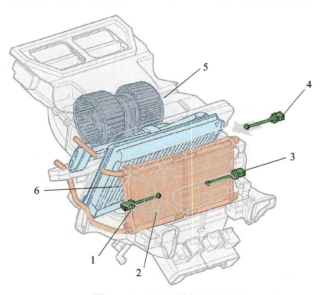

图 8-16 WTC 水加热空调箱

1—左侧温度传感器 2—热交换器（暖气水箱） 3—右侧温度传感器
4—温度传感器 5—鼓风机 6—蒸发器

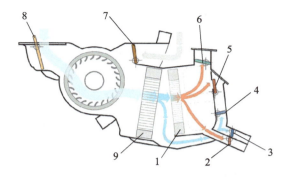

图 8-17 WTC 水加热空调箱内部

1—热交换器（暖气水箱） 2—中控台左侧、右侧暖风门
3—中控台左侧、右侧冷风门 4—前部冷风门 5—前部暖风门
6—除霜风门 7—空气循环风门 8—新鲜空气风门 9—蒸发器

→ 冷空气　　→ 热空气

8.2.3 热泵式空调系统

（1）特点

大众 ID.4、特斯拉 Model 3、小鹏 P5、蔚来 ES6 和 ES8 等车型采用热泵式空调系统。

热泵式空调系统如图 8-18 所示，该系统与单一制冷系统比较，改动和增加的零部件有：冷凝/蒸发器、热泵加热器、制冷电磁阀 1、制冷电磁阀 2、制热电磁阀 1、制热电磁阀 2、电子膨胀阀 1、电子膨胀阀 2、制冷剂管路。制冷时"冷凝/蒸发器"作为冷凝器，制热时"冷凝/蒸发器"作为蒸发器，其容积比单一制冷功能的冷凝器大。由于制冷剂管路要适应制冷和制热，所以比单一制冷剂管路更复杂。

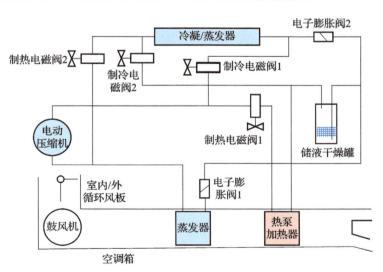

图 8-18 热泵式空调系统

（2）制冷工作原理

如图 8-19 所示，开启 A/C 开关，电动压缩机运转，制冷电磁阀 1 与 2 通电后打开，制热电磁阀 1 与 2 未通电关闭；电子膨胀阀 1 通电后打开，电子膨胀阀 2 未通电关闭。

电动压缩机高压端输出高温高压气态制冷剂，通过制冷电磁阀1，流入位于车厢外的冷凝/蒸发器中释放热量冷却。制冷剂冷却后变为高温高压液态制冷剂，流入储液干燥罐中进行过滤和脱水，再流过电子膨胀阀1，经节流变为低温低压雾状制冷剂，在位于空调箱内的蒸发器中吸收热量蒸发，变为低温低压气态制冷剂。电动压缩机将低温低压气态制冷剂再次吸入进行压缩，形成制冷剂循环。

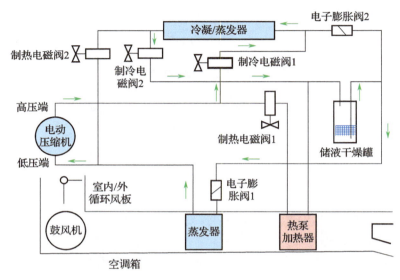

图8-19 制冷工作原理

（3）制热工作原理

如图8-20所示，打开空调加热开关，电动压缩机运转，制冷电磁阀1与2未通电关闭，制热电磁阀1与2通电后打开；电子膨胀阀1未通电关闭，电子膨胀阀2通电后打开。电动压缩机高压端输出高温高压气态制冷剂，通过制热电磁阀1，流入位于空调箱内的

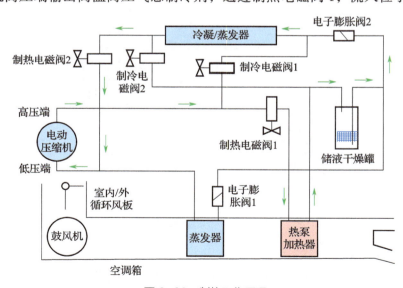

图8-20 制热工作原理

热泵加热器中释放热量冷却。制冷剂冷却后变为高温高压液态制冷剂，流入储液干燥罐中进行过滤和脱水，再流过电子膨胀阀 2，经节流变为低温低压雾状制冷剂，在位于车厢外的冷凝 / 蒸发器中吸收热量蒸发，变为低温低压气态制冷剂。然后通过制热电磁阀 2，电动压缩机将低温低压气态制冷剂再次吸入进行压缩，形成制冷剂循环。

8.2.4 远红外制热系统

电动汽车主要采用 PTC 加热器，延用燃油汽车空调箱和风道吹送暖风的方式进行制热。吹风式制热系统效率低、车内升温慢、热量损失大，由于消耗电量多而缩短续驶里程。远红外制热系统采用若干块电热膜铺设于驾驶舱内的脚垫、腿垫、坐垫、靠背垫和仪表板，通过控制装置通电后发热。电热膜贴近人体、取暖速度快、发热效率高，每个座位设分控制开关，控制该座椅乘员的加热垫工作，既可独立控制又可通过总开关控制。贴近人体加热仅有 200~300W 的功率，仅为吹风式制热系统消耗电量的 1/10。目前远红外制热系统尚在试验阶段。

8.3 冷却系统

8.3.1 冷却系统的冷却液路径

（1）冷却系统作用

车载充电机、电机控制器、驱动电机在能量转化过程中产生大量的热量，导致效率低于 100%。驱动电机一般允许的最高温度为 80℃，超过最高值会损坏绝缘和降低使用寿命。充电机一般允许的最高温度为 70℃，电机控制器一般允许的最高温度为 60℃，超过最高值会损坏半导体结点和电路，导致电阻器的阻值增加，甚至烧坏元件。冷却系统的作用是对发热部件及时冷却，保证其正常运行。

（2）冷却液路径

冷却液循环原则是先冷却工作温度低的部件，再冷却工作温度高的部件。有的车型充电机壳体外部带有散热片，采用自然冷却而不需要冷却液冷却，其冷却液路径如图 8-21 所示。

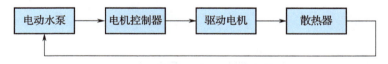

图 8-21 不包括充电机的冷却液路径

有的车型车载充电机需要冷却液冷却，其冷却液路径如图 8-22 所示。有的车型因电机控制器和驱动电机集成在一起，冷却液先流经车载充电机，再流经电机控制器，最后流经驱动电机。

图 8-22 包括充电机的冷却液路径

8.3.2 冷却系统的组成

如图 8-23 所示，冷却系统主要由电动水泵、水管、电机控制器水套、驱动电机水套、散热器、膨胀水壶、冷却液、电动风扇等组成。

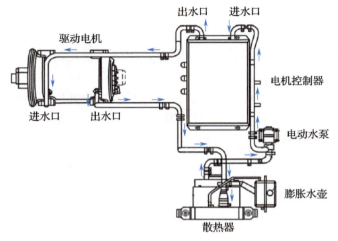

图 8-23 冷却系统

（1）电动水泵

电动水泵是冷却液循环的动力元件，作用是对冷却液加压，促使冷却液流动，带走系统散发的热量。电动水泵具备自吸功能，在进水管内有空气的情况下，利用泵工作时形成的负压（真空），在大气的作用下将低于进水口的冷却液吸入，再从出水口排出。电动水泵如图 8-24 所示，采用永磁无刷直流电动机，整个部件中没有动密封，浮动式转子与叶轮注塑成一体，冷却液经过定子与转子之间。严禁水泵在没有冷却液的情况下空载运行，否则会导致水泵损坏。

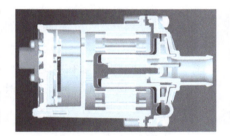

图 8-24 电动水泵

电动水泵一般安装在前纵梁处，位于冷却系统的较低位置，北汽新能源 EV200 的电动水泵技术参数见表 8-5。

表 8-5 电动水泵技术参数

项目	技术参数
额定工作电压	13V
额定输出功率	30W
额定电流	2.3A
最大流量	30L/min
扬程	3.3m
进出水管外径/内径	20mm/16mm

（2）膨胀水壶

膨胀水壶的作用是为冷却系统的排气、膨胀和收缩提供受压容积，补充冷却液和缓冲热胀冷缩的变化，同时也作为冷却液加注口。膨胀水壶不能加注过满和无冷却液，如图8-25所示，冷却液位应在上限（MAX）与下限（MIN）之间。

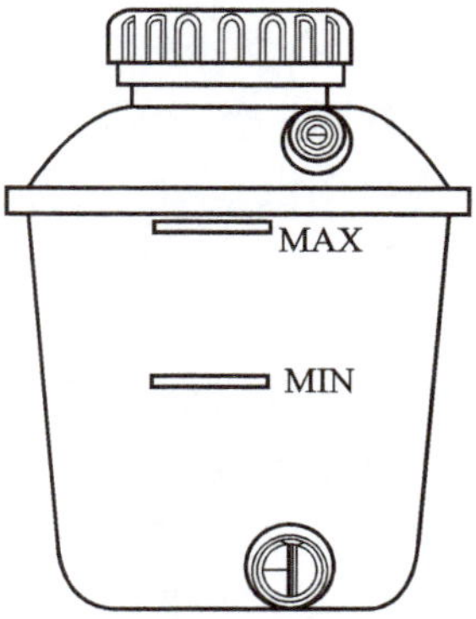

（3）电动风扇

电动风扇的作用是提高流经散热器、冷凝器的空气流速和流量，增强散热能力，并冷却机舱内其他附件。一般采用不对称的6个扇叶，以减少共振。一般采用双风扇，一个电动机运转作为低速，两个电动机运转作为高速；或采用两个电动机串联作为低速，两个电动机并联作为高速。

（4）冷却液

冷却液由防冻液和蒸馏水构成，防冻液采用乙二醇。在

图8-25 膨胀水壶

电动机降温后应对膨胀水壶的冷却液液位进行检查，液位应在上限与下限之间。如果液位低于下限，应添加防冻液或蒸馏水，使液位升到上限。普通防冻液每两年更换一次，长效防冻液更换年限按照维修手册执行。更换时，须先放出冷却液，打开膨胀水壶的盖，如有放水阀则打开，如没有放水阀则拆开最低位置的水管；然后加注冷却液，加注后运转电动水泵，待膨胀水壶液位下降后补加冷却液。

8.3.3 冷却系统的控制策略

电动风扇同时为冷凝器和散热器提供强制冷却风，故电动风扇的运转受制冷剂空调压力与驱动电机热源温度的双需求控制，两者择高不择低。冷却系统的控制策略见表8-6。

表8-6 冷却系统控制策略

工作模式	热源	运转元件	档位	ON/℃	OFF/℃
充电模式	充电机	电动水泵	只有一档	55	45
		电动风扇	低速档	65	60
			高速档	75	70
行驶模式	电机控制器	电动水泵	只有一档	35	30
	驱动电机			35	30
	电机控制器	电动风扇	低速档	45	43
			高速档	50	48
	驱动电机	电动风扇	低速档	75	73
			高速档	80	78

8.3.4 动力电池的冷却

动力电池在能量转化过程中会产生热量，导致效率低于100%，动力电池一般允许的最高温度为55℃，超过最高值会损坏电池并存在爆炸危险。

（1）冷却方式

动力电池的冷却方式有四种：自然冷却、风冷、水冷、直冷。自然冷却是被动方式，后三种是主动方式，后三者的差别在于不同的换热介质。

1）自然冷却，电池包没有附加的换热装置，完全靠电池箱周围环境温度来平衡电池包热量。优点是结构简单、成本低，缺点是散热性能差。在一些小容量、小功率输出的纯电动汽车中，自然冷却方式比较常见。

2）风冷，以空气作为电池包的换热介质，可分为两种，一种是外部空气直接进入电池包换热；另一种是对外部空气预先加热或冷却，再进入电池包换热。优点是成本低，缺点是不能很好地维持单体电池性能的一致性。风冷在早期纯电动汽车中经常采用，现阶段采用得越来越少。

3）水冷，冷却液（防冻液与水配比）作为换热介质，有多路换热回路，例如散热器回路、热交换器回路、PTC回路，可以对冷却液冷却或加热。优点是冷却效率高、电池包温度均匀，目前纯电动汽车大多采用水冷。

4）直冷，采用制冷剂（R134a等）作为换热介质，在电池箱内装有蒸发器，利用制冷剂蒸发换热，快速高效地带走电池热量，相比水冷效率提升三倍以上。优点是结构紧凑、质量轻、换热性能好。

（2）比亚迪·秦PLUS EV电池水冷

1）电池热管理系统，如图8-26所示，主要由电动水泵、板式热交换器、PTC加热器、电池包冷却液管路、散热器、冷却液温度传感器、电池热管理控制单元等组成。空调制冷系统增加电子膨胀阀2，功用是开闭制冷剂通路和调节制冷剂流量。当制冷剂流过板式热交换器时，制冷剂吸收热量，对冷却液降温。当PTC加热器通电时，对冷却液加热。电池包冷却液管路的结构如图8-27所示。

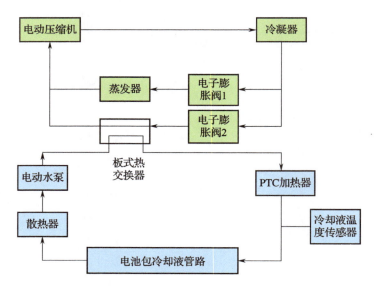

图8-26 电池热管理系统

→制冷剂管路和流动方向　→冷却液管路和流动方向

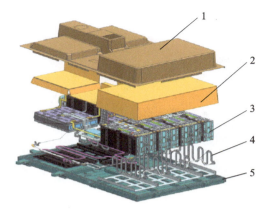

图 8-27 电池包冷却液管路结构

1—上盖 2—防火隔热棉 3—模组
4—冷却液管路 5—托盘

2）板式热交换器，如图 8-28 所示，有四个接口，即制冷剂的进口和出口、冷却液的进口和出口，内部的冷却液包围制冷剂管路。当电芯温度大于 35℃时，电子膨胀阀 2 打开，制冷剂流入制冷剂管路，吸收冷却液热量。当电芯温度低于 33℃时，电子膨胀阀 2 关闭，停止对冷却液制冷。

3）PTC 加热器，如图 8-29 所示，当电芯温度低于 8℃时，PTC 通电加热、水泵工作、冷却液循环，加热到规定温度停止加热。当单体电池温差大于 5℃时，水泵工作，冷却液循环，均衡各单体电池温度。

图 8-28 板式热交换器

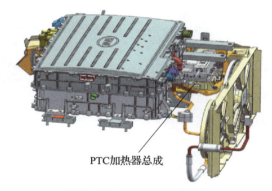

图 8-29 PTC 加热器总成

8.4 制动助力系统

8.4.1 电动真空泵

（1）组成

燃油汽车制动助力器的真空源是进气歧管，纯电动汽车增设电动真空泵作为真空源，如图 8-30 所示。电动真空泵系统主要由电动真空泵、真空管、单向阀、三通、真空罐、真空助力器、VCU、压力传感器等组成，如图8-31所示。

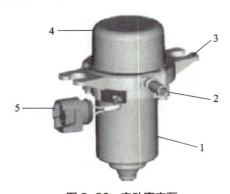

图8-30　电动真空泵

1—电机　2—真空接头　3—安装支架
4—泵体/消声器　5—插座

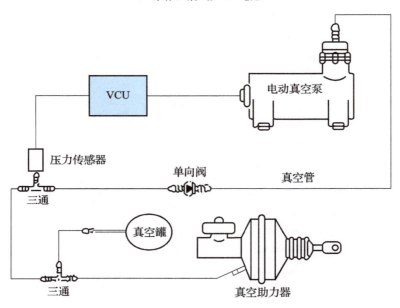

图8-31　电动真空泵系统

（2）工作过程

行车前低压上电，VCU自检，如果真空罐内的真空度小于设定值（一般为50kPa），真空压力传感器输出相应电压值送至VCU，VCU指令电动真空泵转动。当真空度达到75kPa后，VCU指令真空泵停止转动。当真空消耗到真空度低于50kPa时，真空泵再次工作。

（3）电路图

真空泵电路如图8-32所示，供电电压为12V，熔丝的熔断电流为30A，真空压力传感器的三条导线是5V、信号线、搭铁。

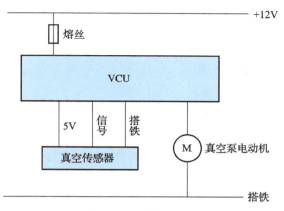

图 8-32　真空泵电路图

8.4.2　电动制动助力器

（1）优点

电动制动助力器的优点是不依赖真空源，无须真空泵和真空软管，体积更小，质量更轻，布置难度低。同时电动制动助力器的工作机理保证了助力效果不受外界气压影响，制动系统没有"高原反应"，在复杂条件下依然能提供平稳的助力作用。

（2）博世 iBooster

博世公司生产的电动制动助力器 iBooster 如图 8-33 所示，踩下制动踏板后，推杆产生位移，iBooster 控制单元根据位移量计算得出应提供的扭矩，指令电动机运转，再由传动装置将扭矩转换为伺服力。伺服力与踏板力共同作用，制动主缸对轮缸提供液压力，实现助力效果。iBooster 2.0 技术参数：电压范围为 9.8~16V，电动机功率为 450W，助力为 5.5kN，自由行程小于 2mm，使用 4 条螺栓安装。

图 8-33　博世 iBooster
1—推杆　2—安装螺栓　3—传动机构　4—制动液罐
5—制动主缸　6—控制单元　7—电动机

自 测 题

一、判断题

1. 电动压缩机采用两种电动机，交流电动机通过改变电压调速，直流电动机通过改变三相交流电的频率调速。（ ）
2. 涡旋式压缩机的静涡旋盘固定，动涡旋盘沿着很小的偏心距轨道做逆时针摆动。（ ）
3. 板式热交换器有四个接口，即冷却液的进口和出口、制冷剂的进口和出口。（ ）

二、单选题

1. 纯电动汽车的高压部件，发热温度最高的是（   ）。
   A．DC/DC　　　　B．驱动电机　　　C．电机控制器　　D．车载充电机
2. 比亚迪·秦EV采用的电池冷却方式是（   ）。
   A．自然冷却　　　B．风冷　　　　　C．水冷　　　　　D．直冷
3. 根据制动踏板位移量，（   ）指令电动机运转，转换为推动制动主缸活塞的伺服力。
   A．BMS　　　　　B．VCU　　　　　C．BCU　　　　　D．iBooster控制单元

三、多选题

1. 纯电动汽车空调加热器的种类有（   ）。
   A．PTC空气加热器　　　　　　　B．WTC水加热器
   C．燃油辅助加热器　　　　　　　D．热泵式空调系统
   E．远红外制热系统
2. 纯电动汽车上产生热量，需要冷却的高压部件是（   ）。
   A．动力电池　　　B．高压盒　　　　C．驱动电机
   D．电机控制器　　E．车载充电机
3. 纯电动汽车制动真空助力系统，主要由（   ）、压力传感器等部件组成。
   A．进气歧管　　　B．电动真空泵　　C．真空储存罐
   D．真空助力器　　E．VCU

第 9 章
大众 ID.4 纯电动汽车

9.1 概述

9.1.1 ID.4 纯电动汽车介绍

大众汽车集团生产的纯电动汽车 ID 系列，包括 ID.2、ID.3、ID.4、ID.6 等车型。ID.4 是基于纯电动汽车专属 MEB 平台打造的紧凑型 SUV，包括后置两驱或者双电动机四驱两种驱动形式。2020 年 11 月 3 日，上汽大众首款 MEB 平台车型 ID.4 X 上市（图 9-1）；2021 年 1 月 19 日，一汽-大众 ID.4 CROZZ 开启预售（图 9-2）。前者是在原版 ID.4 的基础上对外观及内饰细节进行了调整，后者是原汁原味引入原版 ID.4。

图 9-1 上汽大众 ID.4 X

图 9-2 一汽-大众 ID.4 CROZZ

ID.4 纯电动汽车被评为 2021 世界年度车型，其高压电系统如图 9-3 所示，经过全新设计，与模块化电动汽车平台无缝集成。

图 9-3 高压电系统

ID.4设有交流和直流充电口,位于右后翼子板,如图9-4所示。车载充电机准许使用家用插座或公共2类(级、型)交流充电桩,充电1h可以行驶约53km,7.5h可充满电。使用直流125kW充电桩,可以在大约38min内从5%充电到80%。

图9-4 充电口
1—交流充电口 2—直流充电口

9.1.2 高压电部件安装位置

高压电部件包括：动力电池AX2、充电口UX4、车载充电机AX4、DC/DC变换器A19、驱动电机VX54、电机控制器（具有电力和电子控制作用）JX1、空调电动压缩机VX81、空调PTC元件ZX17、电池PTC加热器Z132,安装位置如图9-5所示。

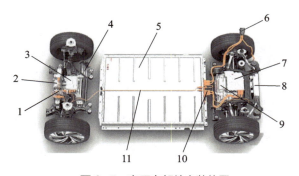

图9-5 高压电部件安装位置
1—电池PTC加热器Z132 2—空调电动压缩机VX81 3—DC/DC变换器A19
4—空调PTC元件ZX17 5—动力电池AX2 6—充电口UX4
7—电机控制器JX1 8—车载充电机AX4 9—驱动电机VX54
10—电池箱高压插接器 11—高压电缆

9.1.3 高压电缆

在电机控制器内部装有电磁兼容与抑制滤波器,具有抑制高压电缆对外发射电磁波的作用,所以高压电缆不采用屏蔽层。高压电缆连接不采用接线板,被车辆前部、后部两个连接点取代,如图9-6所示。连接点采用小插接器,在电缆线束生产过程中加热连接点,使其熔化无法分开,优点是保证高压电缆稳定连接,缺点是必须整体更换高压电缆,增加了维修成本。

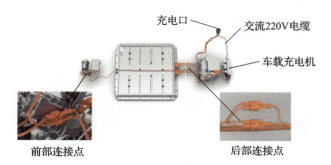

图9-6 车辆前部、后部连接点

ID.4 高压电缆连接如图 9-7 所示，车辆前部连接点将 DC/DC 变换器 A19、电动压缩机 VX81、电池 PTC 加热器 Z132 和空调 PTC 元件 ZX17 连接到一起，然后与车辆后部的车载充电机 AX4 连接。车辆后部的连接点，与动力电池 AX2 连接。动力电池 AX2 分别与充电口 UX4 的快充口、电机控制器 JX1 连接。充电口 UX4 的慢充口与车载充电机 AX4 之间用交流 220V 电缆连接。电机控制器 JX1 与驱动电机 VX54 之间，用 U、V、W 三相铜排连接。

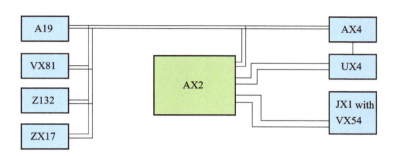

图 9-7　ID.4 高压电缆连接

A19—DC/DC 变换器　VX81—电动压缩机　Z132—电池 PTC 加热器
ZX17—空调 PTC 元件　AX2—动力电池　AX4—车载充电机
UX4—充电口　JX1—电机控制器　VX54—驱动电机

9.2　动力电池 AX2

动力电池 AX2 兼容 7~12 个模组，续驶里程为 330~600km，电池包安装在轻型铝制结构的壳体中，外壳用螺栓固定在底盘下部，动力电池箱是车辆底盘的一部分。

9.2.1　模组

单体电池采用宁德时代三元锂 NCM811（镍钴锰配比 8∶1∶1）方形电池，能量密度为 175W/kg，单体标称电压为 3.7V。单体并联组成模块，模块串联组成模组（图 9-8），模组串联组成电池包（图 9-9）。

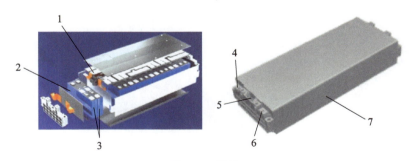

图 9-8　模组

1—连接片　2—单体　3—模块　4—正极端子
5—采样线束插座　6—负极端子　7—模组

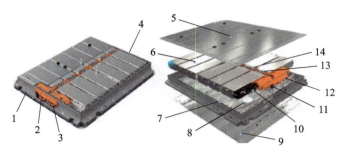

图9-9 电池包（82kW·h）

1—通气压力调节阀 2—高压插座（至电机控制器） 3—高压插座（至直流充电口）
4—冷却液管路接头 5—上盖 6—电池包 7—壳体 8—散热器（在壳体外面） 9—下护板
10—BMS 11—正极开关单元SX8 12—负极开关单元SX7 13—连接线 14—分控盒

9.2.2　62kW·h电池包

62kW·h电池包的各个模组相同，每个模组内有24个单体，如图9-10所示，先以2个单体并联组成模块，再以12个模块串联组成模组，连接方式为2P12S。引出正极端子和负极端子，模组标称电压=3.7V×12=44.4V。

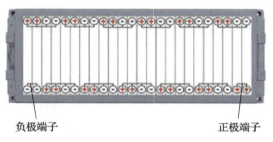

图9-10　62kW·h电池包的模组

9个模组串联组成电池包，如图9-11所示，连接方式为2P108S，电池包标称电压=3.7V×108=399.6V，电池包一共有216个单体。

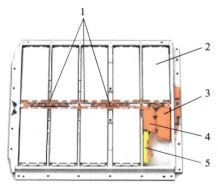

图9-11　62kW·h电池包

1—分控盒J1208、J1209、J1219　2—模组　3—负极开关单元SX7
4—正极开关单元SX8　5—BMS控制单元J849

9.2.3　82kW·h 电池包

82kW·h 电池包的各个模组相同，每个模组内有 24 个单体，如图 9-12 所示，先以 3 个单体并联组成模块，再以 8 个模块串联组成模组，连接方式为 3P8S，引出正极端子和负极端子，模组电压 =3.7V×8=29.6V。

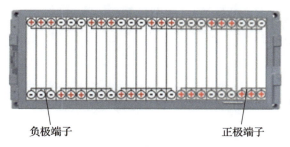

图 9-12　82kW·h 电池包的模组

12 个模组串联成电池包，如图 9-13 所示，连接方式为 3P96S，电池包标称电压 =3.7V×96=355.2V，电池包一共有 288 个单体。

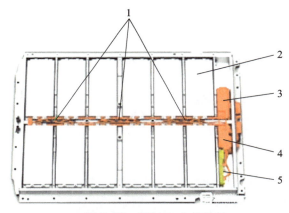

图 9-13　82kW·h 电池包
1—分控盒 J1208、J1209、J1219　2—模组　3—负极开关单元 SX7
4—正极开关单元 SX8　5—BMS 控制单元 J849

9.2.4　技术参数

动力电池 AX2 采用液体冷却和加热，工作温度是 -28~60℃，防护等级为 IP67 及 IP69K，技术参数见表 9-1。

表 9-1　ID.4 动力电池技术参数

电池包规格	62kW·h	82kW·h
正极材料	三元锂	
单体标称电压	3.7V	
模组连接方式	2P12S	3P8S
模组标称电压	44.4V	29.6V

（续）

模组的质量	30kg	30kg
模组的个数	9个	12个
电池包连接方式	2P108S	3P96S
电池包标称电压	399.6V	355.2V
单体额定容量	78A·h	78A·h
模块额定容量	156A·h	234A·h
模组额定能量	6.926kW·h	6.926kW·h
电池包额定能量	62kW·h	82kW·h
电池包的净能量	58kW·h	77kW·h
续驶里程（NEDC）	439km	565km
电池包质量	382kg	503kg
最大交流充电功率	7.2kW	11kW
最大直流充电功率	50kW	125kW

9.2.5 电池箱插座

电池箱插座如图9-14所示，位于车辆底板下方后部，包括1个低压插座和3个高压插座。低压插座接至：30号线、30C号线、31号线、动力CAN总线、安全气囊控制单元J234、电池冷却液温度传感器G898和G899、电池PTC加热器Z132、电池水泵V590、电控水阀V683和V696、控制信号线等。

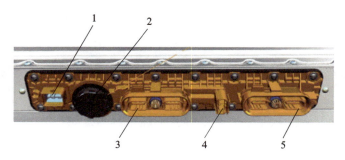

图9-14　电池箱插座

1—低压插座　2—均压元件（泄压阀）　3—高压插座（接至电机控制器）
4—高压插座（接至后部高压电缆连接点）　5—高压插座（接至直流充电口）

9.2.6 正极、负极开关单元

正极开关单元SX8、负极开关单元SX7的作用是接通或断开电池正极、负极与外部高压电缆的连接。两个开关单元有不同的分工，并适应不同能量电池箱内的安装空间，62kW·h电池箱的开关单元如图9-15所示。由于DC/DC变换器A19负责对电机控制器中的超级电容器充电，所以负极开关单元SX7中不带有预充继电器和预充电阻。

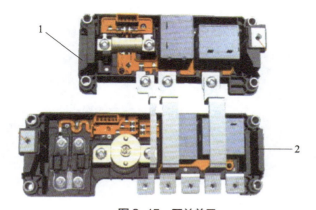

图 9-15 开关单元

1—正极开关单元 SX8　2—负极开关单元 SX7

（1）正极开关单元 SX8

正极开关单元 SX8 如图 9-16 所示，内部装有正极继电器 J1057、快充正极继电器 J1052、正极熔断器 S352 等。S352 的熔断速度比高压继电器响应快，可以提高高压系统的安全级别。如果 S352 熔断，无单独备件更换，必须更换正极开关单元 SX8。

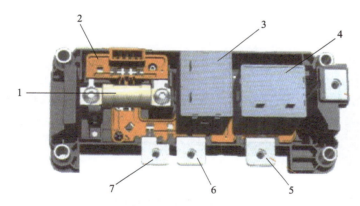

图 9-16 正极开关单元 SX8

1—正极熔断器 S352　2—电池加热器 2 号温度传感器 G1133　3—快充正极继电器 J1052
4—正极继电器 J1057　5—接至电机控制器　6—接至直流充电口
7—接至后部高压电缆连接点

S352 保护的高压电部件有：车载充电机 AX4、DC/DC 变换器 A19、电动压缩机 VX81、空调 PTC 元件 ZX17、电池 PTC 加热器 Z132。图 9-16 中的 5、6、7 是高压电缆接头，通过电缆分别与电池箱三个高压插座连接。BMS 控制单元 J840 实时监测正极继电器 J1057 和快充正极继电器 J1052 触点两侧电位，当触点出现接触不良或高压电缆绝缘电阻低于下限时，J840 立即采取安全措施。

（2）负极开关单元 SX7

负极开关单元 SX7 如图 9-17 所示，内部装有负极继电器 J1058、快充负极继电器 J1053、负极熔断器 S415。如果 S415 熔断，无单独备件更换，必须更换负极开关单元 SX7。

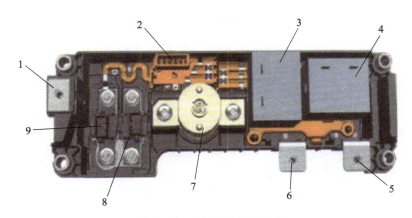

图 9-17 负极开关单元 SX7

1—接至后部高压电缆连接点 2—电池加热器 1 号温度传感器 G1132 3—负极继电器 J1058
4—快充负极继电器 J1053 5—接至直流充电口 6—接至电机控制器
7—负极熔断器 S415 8—电池 2 号电压传感器 G1131
9—电池 1 号电压传感器 G848

图 9-17 中的 1、5、6 是高压电缆接头，通过电缆分别与电池箱三个高压插座连接。BMS 控制单元 J840，实时监测负极继电器 J1058 和快充负极继电器 J1053 触点两侧电位，当触点出现接触不良或高压电缆绝缘电阻低于下限时，J840 立即采取安全措施。

9.2.7　BMS 控制单元 J840

BMS 控制单元 J840 如图 9-18 所示，安装在电池箱内。J840 连接动力 CAN 总线，作为主控制单元，通过 LIN 总线连接分控盒和电池 PTC 加热器 Z132。J840 控制和监测电池箱的正极开关单元、负极开关单元，监测高压电缆绝缘电阻，监测控制信号，对外提供测量的电池数值。当发生故障时，熔断负极熔断器 S415，切断电池供电回路。

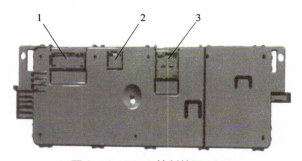

图 9-18　BMS 控制单元 J840

1—32 针插座　2—12 针插座　3—40 针插座

J840 上面有 32 针、12 针和 40 针三个插座，32 针插座与分控盒和电池箱低压插座连接，包括 EV-CAN 总线和分控盒的 LIN 总线。12 针插座采集正极继电器、负极继电器触点两侧的电压信号。40 针插座连接电池负极熔断器 S415、电池加热器 1 号温度传感器 G1132 和电池加热器 2 号温度传感器 G1133、电池 1 号电压传感器 G848 和电池 2 号电压传感器 G1131。

9.2.8 分控盒 J1208、J1209、J1210

分控盒的功用是监测模块电压、模组温度以及模块均压。ID.4 采用被动均压方式，利用电阻器将所有模块放电至最低的模块电压。分控盒通过 LIN 总线将监测模组的信息发给 BMS 控制单元 J840。如图 9-19 所示，分控盒有一个 12 针插座和四个 22 针插座，12 针插座用来连接 BMS 控制单元 J840；每个 22 针插座连接一个模组，最多可以连接 4 个模组。

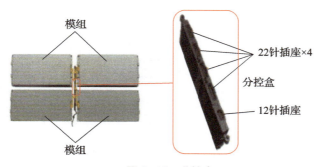

图 9-19　分控盒

9.3　车载充电机 AX4

车载充电机 AX4 如图 9-20 所示，安装在车辆后部，功用是将单相 220V 交流电转换成高压直流电，对动力电池充电。AX4 输入交流电压为 78~272V，输入交流电流为 16~50A，输出直流电压为 220~470V。62kW·h 电池包的最大交流充电功率为 7.2kW，82kW·h 电池包的最大交流充电功率为 11kW，充电效率为 94%。充电控制单元 J1050 对充电过程进行调节和监控，充电机工作温度为 −40~65℃。

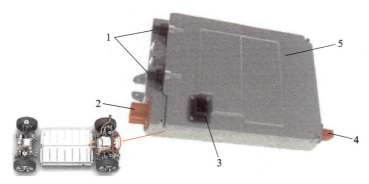

图 9-20　车载充电机 AX4
1—冷却液接头　2—AC 输入插座　3—控制信号插座
4—DC 输出插座　5—壳体

与充电机 AX4 相连接的部件如图 9-21 所示，包括：充电口盖电子锁 F496、充电口 LED 灯 L263、交流充电口、慢充口电子锁 F498、充电口温度传感器 G853、G1151 和 G1152（图 9-21 中未画）。AX4 通过 DC-CAN 总线连接直流充电桩，通过 EV-CAN 总线连接 ICAS1 控制单元，ICAS1 具有充电管理功能。

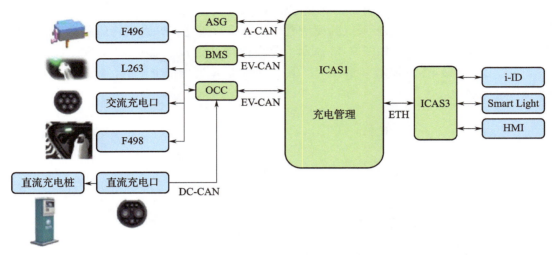

图 9-21　车载充电机连接的部件

F496—充电口盖电子锁　L263—充电口 LED 灯　F498—慢充口电子锁　ASG—动力控制单元 J623
BMS—电池控制单元 J840　OCC—车载充电机 AX4　ICAS1—整车控制单元（兼网关）
ICAS3—娱乐控制单元　i-ID—信息组合仪表　Smart Light—智能灯光
HMI—人机界面（中控大屏）　A-CAN—动力总线系统　EV-CAN—EV 总线系统
DC-CAN—直流充电总线　ETH—以太网

9.4　DC/DC 变换器 A19

DC/DC 变换器 A19 如图 9-22 所示，安装在车辆前机舱，有两个功用：①对 12V 电气设备供电和对 12V 蓄电池充电；②利用双向操作，对电机控制器 JX1 中的超级电容器 C25 进行充电或放电，DC/DC 变换器是动力电池以外的高压电源，但不能给动力电池充电。A19 输入直流电压为 150~475V，输出直流电压为 12V，功率为 3kW。在高压系统断电维修时，必须检查 A19 是否断电，防止维修人员触电。

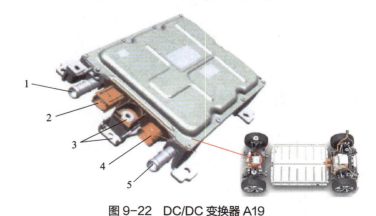

图 9-22　DC/DC 变换器 A19

1、5—冷却液接头　2—高压电插座
3—12V 正极、负极　4—低压线插座

9.5 驱动电机 VX54

驱动电机 VX54 与 1 档固定传动比变速器组装在一起，如图 9-23 所示，安装在车辆后部。VX54 的最大输出功率为 150kW，最大输出转矩为 310N·m，最大转速为 16000r/min，减速比为 12.976∶1。VX54 包括三相交流同步电动机 V141、温度传感器 G712、转子位置传感器 G713。双电动机四驱 ID.4 的前桥，采用三相交流异步电动机。

图 9-23 驱动电机 VX54

9.5.1 电动机 V141

电动机 V141 如图 9-24 所示，主要由转子、定子铁心、定子绕组、外壳、水套、端盖、轴承、冷却液接头等组成。定子采用发夹法制造，单个定子元件看起来像发夹。该电动机除了具有自动化大批量生产的优势外，与定子绕线线圈设计相比，定子具有更好的散热性能，电动机具有更低的自身能量损耗。冷却液先流经电机控制器 JX1，再流经电动机 V141 为其冷却。

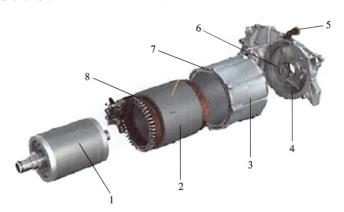

图 9-24 电动机 V141
1—转子 2—定子铁心 3—外壳 4—端盖 5—冷却液接头出口
6—轴承 7—水套 8—定子绕组

9.5.2 温度传感器 G712

温度传感器 G712 安装在两个定子电磁线圈之间，如图 9-25 所示。G712 是负温度系数电阻（NTC），功用是向电机控制器提供电动机温度信号，用来防止电动机过热，当温度达到160℃时,电动机降低输出功率。

图 9-25　温度传感器 G712

1—G712　2—低压插座　3—电动机外壳

9.5.3　转子位置传感器 G713

转子位置传感器 G713 安装在驱动电机 VX54 端盖上,如图 9-26 所示,其信号轮安装在电机转子轴上。转子位置传感器亦称旋转变压器,简称旋变,是一种电磁式传感器,又称同步分解器,功用是测量电动机转子位置、旋转方向和部件公差,电机控制器对该信号解码,获知电动机的转速和转子位置。

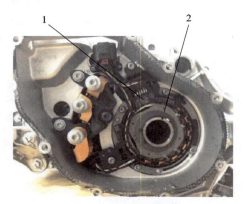

图 9-26　转子位置传感器 G713

1—G713　2—信号轮

9.6　电机控制器 JX1

9.6.1　JX1 的功用

JX1 全称是驱动电机电力和电子控制装置,安装在驱动电机 VX54 上方,如图 9-27 所示。JX1 主要功用:对以 IGBT 为核心的强电元器件具有逆变和整流功用,对以大规模集成电路为核心的弱电元器件具有计算和输出指令功用。JX1 的工作电压为 150~475V,最大电流为 450A,最小频率为 9~10Hz。

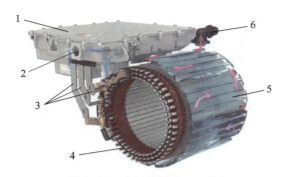

图 9-27 电机控制器 JX1 位置

1—JX1　2—冷却液进口　3—U、V、W 线排
4—定子绕组　5—水套　6—冷却液出口

9.6.2　JX1 的组成

JX1 的组成如图 9-28 所示,包括:控制单元 J841、电磁兼容与抑制滤波器、逆变器 / 整流器 A37、超级电容器 C25、冷却液管路接头、外壳、上盖等。

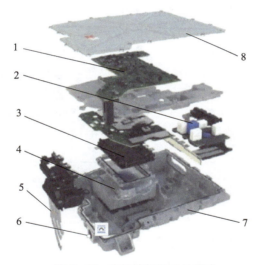

图 9-28　电机控制器 JX1 组成

1—控制单元 J841　2—电磁兼容与抑制滤波器　3—逆变器 / 整流器 A37
4—超级电容器 C25　5—U、V、W 线排
6—冷却液管路接头　7—外壳　8—上盖

JX1 提高了载流能力和连续性输出。冷却液流过 JX1 内部水套为其冷却,JX1 与 VX54 之间有一个水封连接,维修时可以更换水封,装配后必须进行气密性试验。

JX1 内部有一个超级电容器 C25(中间电路电容器),功用是在驱动电机起动时保持电压稳定。每次高压上电或下电,由 DC/DC 变换器 A19 对其充电或放电。检修高压电路时,在断开 JX1 的高压电插头后,需要对插座端子"高压 +"与"高压 -"之间验电,如果电压高于 36V 必须使用放电工装放电。JX1 中的任何元件都不能单独更换,只能整体更换。

9.6.3 控制单元 J841

控制单元 J841 位于电机控制器 JX1 的内部，如图 9-29 所示，功用是接收转子位置传感器 G713 信号，识别转子位置和转速，执行驾驶人的请求，输出执行信号给逆变器/整流器 A37，精确控制电动机工作。J841 接收温度传感器 G712 信号，用于判断电动机 V141 的温度；接收电机控制器温度信号，用于判断逆变器/整流器 A37 的温度；这两个温度值一旦超出正常范围，将强行限制电机输出功率。

9.7 CAN 网络拓扑

9.7.1 网络拓扑

ID.4 将上百个控制单元简化为 3 个域控制器，分别是 ICAS1（车辆控制域）、ICAS2（智能驾驶域）、ICAS3（智能座舱域）。ID.4 车载网络是与 MEB 平台并行开发的，ICAS 的英文全称是 In-Car Application-Server，中文是车载应用服务。

图 9-29 电机控制单元 J841

ICAS1 控制单元代码为 J533，J533 是燃油汽车的网关控制单元，可见 ICAS1 具有网关功能。如图 9-30 所示，J533 连接三条总线系统：①动力总线系统，连接 J623 动力控制单元、J841 电机控制单元、远程通信控制单元；②EV 总线系统，连接 J979 空调控制单元、J840 空调 PTC 控制单元、DC/DC 变换器 A19、J1050 车载充电机控制单元；③显示和操作总线系统，连接 R257 发动机声浪模拟控制单元。

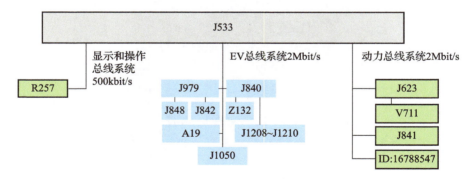

图 9-30 CAN 网络拓扑

J533（ICAS1）—整车控制单元（兼网关）　J623—动力控制单元
V711—散热器百叶窗控制单元　J841—电机控制单元
ID:16788547—远程通信控制单元（一汽大众服务器地址）　J979—空调控制单元　J848—空调 PTC 控制单元
J842—电动压缩机控制单元　J840—BMS 控制单元　Z132—电池 PTC 加热器　J1208~J1210—分控盒
A19—DC/DC 变换器　J1050—车载充电机控制单元　R257—发动机声浪模拟控制单元

9.7.2 网络传输速率

动力总线系统、EV 总线系统传输速率为 2Mbit/s，显示和操作总线系统传输速率

500kbit/s。也就是说只有简单的执行器采用 500kbit/s 的速率，例如发动机声浪模拟模块 R257（图 9-31），其他均采用 2Mbit/s 速率。

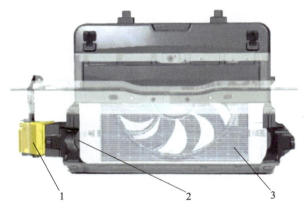

图 9-31　发动机声浪模拟模块 R257

1—R257　2—声音出口　3—冷凝器

9.7.3　LIN 总线

J623 通过 LIN 控制散热器百叶窗控制单元 V711，J623 安装在仪表板下方右侧（图 9-32），原本是燃油汽车发动机控制单元的代码，在 ID.4 上用于动力控制；J979 通过 LIN 控制空调 PTC 控制单元 J848 以及电动压缩机控制单元 J842；J840 通过 LIN 控制电池 PTC 加热器 Z132 以及分控盒 J1208~J1210。

图 9-32　J623 安装位置

9.8　电动压缩机 VX81

电动压缩机 VX81 如图 9-33 所示，安装在前机舱，输入直流电压为 195~470V，转速调节范围为 600~8600r/min，最大功率为 5.3kW。其工作的环境温度为 -5~70℃，能够在 -40~70℃温度范围内通信。采用涡旋式压缩机，加注 R1234yf（四氟丙烯）或 R744（二氧化碳）制冷剂。

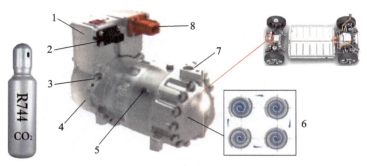

图9-33 电动压缩机VX81

1—控制单元J842 2—低压插座 3—制冷剂低压接口
4—电动机V470 5—加油口 6—涡旋式压缩机
7—制冷剂高压接口 8—高压插座

R744没有毒性，不破坏臭氧层，低温性能好，能够在更低的温度下吸收更多的热量，可以提高热泵的制热性能。R744工作压力高，采用R744的电动压缩机吸气侧约为3.5MPa，排气侧可达14 MPa，电动压缩机和制冷循环系统部件必须耐高压和高温。

9.9 热泵空调

9.9.1 优点和组成

热泵空调可以制冷也可以制热，或者制冷与制热同时进行（除湿模式），优点是其制热与PTC相比可节省能量，延长车辆续驶里程。热泵空调组成如图9-34所示，包括电动压缩机VX81（集成压缩机控制单元J842）、空调PTC元件ZX17、空调PTC控制单元J848、空调控制单元J979和8个电控阀等。

空调控制单元J979控制整个空调系统，安装在仪表板下面，如图9-35所示。

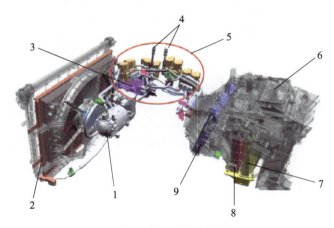

图9-34 热泵空调组成

1—电动压缩机VX81 2—室外冷凝器 3—热交换器 4—维修阀 5—8个电控阀
6—空调箱 7—空调PTC元件ZX17 8—室内冷凝器 9—蒸发器

图 9-35　空调控制单元 J979

9.9.2　8 个电控阀

8 个电控阀如图 9-36 所示，5 个电控开关阀（ASV1~5）均为两位两通开关阀，作用是接通或关闭制冷剂通路。3 个电控膨胀阀（EXV1~3），均为两位两通流量阀，可调节流量并可接通或关闭通路。

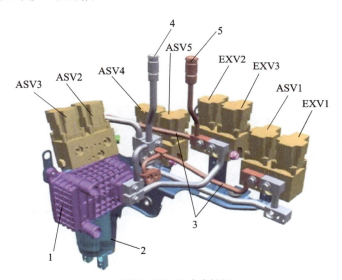

图 9-36　8 个电控阀

1—热交换器　2—储存器　3—高压管路
4—低压维修阀　5—高压维修阀

通过 8 个电控阀的不同组合方式，实现 3 种热泵模式和 4 种制冷模式。热泵模式的作用是驾驶室制热，包括空气热泵模式（用于低气温）、空气/水热泵模式（用于很低气温）、冬季热泵模式（用于极低气温）。制冷模式的作用是驾驶室和电池制冷，包括驾驶室制冷模式、驾驶室和电池制冷模式、电池制冷模式、制冷和制热模式（除湿）。下面分别介绍冬季热泵模式和电池制冷模式。

9.9.3 冬季热泵模式

在地球寒带极低气温的情况下使用热泵空调制热，室外冷凝器温度过低，制冷剂不易蒸发。空调控制单元首先向BMS控制单元发出：请求开启电池热管理工作模式3。如图9-37所示，ASV3、EXV1、EXV3打开并调节流量，ASV1、ASV2、ASV4、ASV5、EXV2均关闭。制冷剂走向：电动压缩机→ASV3→室内冷凝器→EXV1→蒸发器→EXV3→热交换器→储存器→电动压缩机。电动压缩机迫使高温高压气态制冷剂进入室内冷凝器，由气态冷凝为液态释放热量，加热驾驶室。高温高压液态通过膨胀阀EXV3进入热交换器，变为低温低压雾状。经过高压电部件加热的冷却液，同时进入热交换器中的盘管，热交换器中的制冷剂吸收热量快速蒸发。

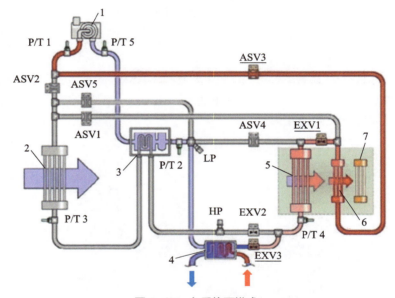

图9-37 冬季热泵模式

1—电动压缩机 2—室外冷凝器 3—储存器
4—热交换器 5—蒸发器 6—室内冷凝器 7—PTC加热元件
ASV1~5—电控开关阀 EXV1~3—电控膨胀阀 P/T1~5—压力/温度传感器
HP—高压维修阀 LP—低压维修阀 下画线—可调节流量
↑—高温冷却液流入 ↓—低温冷却液流出

9.9.4 电池制冷模式

电池制冷模式适用于夏季对动力电池冷却，如图9-38所示，ASV2、EXV2、EXV3打开并调节流量，ASV1、ASV3、ASV4、ASV5、EXV1均关闭。制冷剂走向：电动压缩机→AVS2→冷凝器→储存器→EXV2→EXV3→热交换器→储存器→电动压缩机。电动压缩机迫使高温高压气态制冷剂进入室外冷凝器，由气态冷凝为液态；再通过膨胀阀EXV2变为低温低压雾状，进入热交换器，吸收热交换器中冷却液盘管的热量而蒸发，降低冷却液温度，达到快速冷却电池目的。

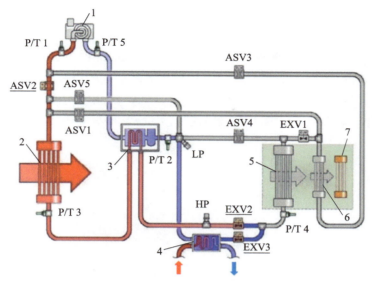

图 9-38 电池制冷模式

1—电动压缩机　2—冷凝器　3—储存器　4—热交换器
5—蒸发器　6—室内冷凝器　7—PTC 加热元件　ASV1~5—电控开关阀
EXV1~3—电控膨胀阀　P/T1~5—压力 / 温度传感器　HP—制冷剂高压检测阀
LP—制冷剂低压检测阀　下画线—可调节流量
↑—高温冷却液流入　↓—低温冷却液流出

9.10　空调 PTC 元件 ZX17

ZX17 自身不带控制单元，称作 PTC 元件，如图 9-39 所示，安装在前机舱的空调箱内，功用是加热流经空调箱的空气。冬季一般使用热泵加热驾驶室，在极度寒冷地区 ZX17 与热泵同时工作，以最短时间对车内加热，当升至用户设定温度时 ZX17 退出工作。其输入直流电压为 150~475V，最大输入电流为 21A，额定功率为 6kW，质量为 1.9kg，交流 / 直流绝缘电阻 >100MΩ。空调控制单元 J979 通过 LIN 总线，对空调 PTC 控制单元 J848 进行控制和监控，采用脉宽调制信号（PWM）实现无级加热，调节范围为 0%~100%。

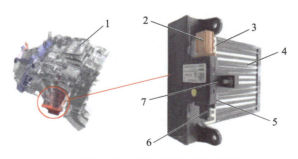

图 9-39　空调 PTC 元件 ZX17

1—空调箱　2—高压插座　3—PTC 控制器　4—PTC 元件
5—空调 PTC 控制单元 J848　6—低压插座　7—电位平衡

9.11 电池 PTC 加热器 Z132

电池 PTC 加热器 Z132 集成了控制单元、控制器和 PTC，因此称作加热器。如图 9-40 所示，Z132 安装在前机舱，功用是加热流经电池的冷却液。其输入直流电压为 150~475V，最大输入电流为 30A，最大功率为 5.5kW。BMS 控制单元 J840 通过 LIN 总线对 Z132 进行控制和监控，采用脉宽调制信号（PWM）实现无级加热，调节范围为 0%~100%。

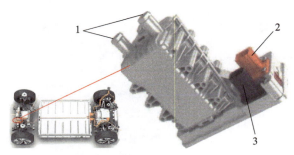

图 9-40　电池 PTC 加热器 Z132
1—冷却液接头　2—高压插座　3—低压插座

电池 PTC 加热器 Z132 装有两个冷却液温度传感器，进水口的是 G898，出水口的是 G899，如图 9-41 所示。

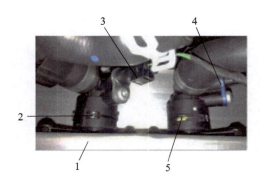

图 9-41　冷却液温度传感器
1—PTC 加热器 Z132　2—进水口　3—G898
4—G899　5—出水口

9.12 热管理系统

9.12.1 功能

（1）冷却高压电部件

高压电部件在工作中温度会升高，因而需要冷却，冷却液吸收高压电部件热量，通过散热器进行散热。冷却液先流经发热低的部件，再流经发热高的部件，顺序是：DC/DC

变换器 A19（约 50℃）→车载充电机 AX4（约 55℃）→电机控制器 JX1（约 60℃）→驱动电机 VX54（约 70℃）。

（2）加热、冷却电池

动力电池在充电和放电过程中，须保持电芯温度在 8~35℃范围内。①电芯低于 8℃时，空调开启冬季热泵模式，或热泵与 PTC 加热器 Z132 同时工作，加热冷却液，提高电芯温度；②电芯为 8~35℃时，冷却液流经散热器，小幅度降低电池冷却液温度；③电芯高于 35℃时，开启空调电池制冷模式，冷却液流经热交换器，大幅度降低电池冷却液温度。

ID.4 空调有不带热泵和带热泵两种热管理架构，前者适于车辆在温带地区使用，后者适于车辆在寒带地区使用。

9.12.2 电池散热器

电池散热器的功用是在充电和行车过程中提高或降低电池温度，尤其是直流充电时，降低温度可以提高充电速度。铝制散热器安装在电池箱壳体的下方，如图 9-42 所示。散热器通过导热贴紧贴电池箱壳体外部，动力电池包通过导热贴紧贴电池箱壳体内部，散热器不装在电池箱内的优点是防止冷却液与高压元件接触。散热器下方装有坚固的铝制下护板，防止散热器受到机械损坏。BMS 控制单元 J840 安装在电池箱内，采集电池箱温度信号，控制电池冷却液泵 V590 工作。

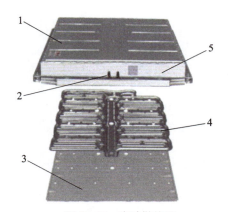

图 9-42　电池散热器
1—上盖　2—冷却液管路接头　3—下护板
4—散热器盘管　5—壳体

9.12.3　不带热泵的热管理架构

高压电部件只需要冷却，动力电池需要冷却和加热，而且工作温度范围不同，早期的电动汽车设计了高压电部件和电池两套独立冷却系统。ID.4 简化结构，设计成一个系统中有两个回路，可以一个回路循环、两个回路各自循环、大循环，使用一个膨胀水壶。不带热泵的热管理架构如图 9-43 所示。

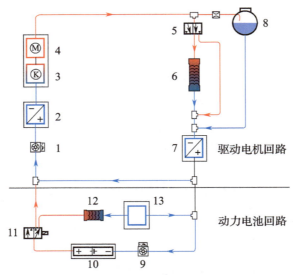

图9-43 不带热泵的热管理架构

1—驱动电机水泵V468 2—车载充电机AX4 3—电机控制器JX1 4—驱动电机VX54 5—节温器
6—散热器 7—DC/DC变换器A19 8—膨胀水壶 9—动力电池水泵V590
10—动力电池AX2 11—电控水阀V683 12—热交换器
13—PTC加热器Z132

（1）驱动电机回路

驱动电机回路的作用是冷却高压电部件，节温器5在15℃以下时接通散热器，在15℃以上时接通直通管路。散热器6对冷却液降温，膨胀水壶8补偿冷却液因温度变化引起的体积变化，并保持系统压力恒定。

驱动电机回路有两个受控部件：①驱动电机水泵1，作用是迫使冷却液流动，受动力控制单元J623控制；②节温器5，是两位三通机械开关阀，作用是选择散热器通路还是直通管路，受控节温器周围的温度。

系统为驱动电机回路时，电控水阀11选择旁通管路，冷却液走向：驱动电机水泵1→车载充电机2→电机控制器3→驱动电机4→节温器5→$\begin{bmatrix}散热器6\\直通管路\end{bmatrix}$→DC/DC变换器7→驱动电机水泵1。

（2）动力电池回路

动力电池回路的作用是加热或冷却电池，当空调开启电池制冷模式时，热交换器12中的制冷剂吸收冷却液盘管的热量，降低冷却液温度，冷却电池。当PTC加热器13通入电流后，提高冷却液温度，加热电池。

动力电池回路有四个受控部件：①驱动电机水泵1，作用是迫使冷却液流动；②电控水阀11，是两位三通电控开关阀，作用是选择直通路或旁通路，选择旁通路是动力电池回路循环，选择直通路是大循环；③热交换器12，受电控水阀11控制能否流过冷却液；④PTC加热器13，受电控水阀11控制能否流过冷却液。驱动电机水泵、电控水阀、PTC加热器的通电均受BMS控制单元J840控制。

系统为动力电池回路时，电控水阀11选择旁通路，冷却液走向：动力电池水泵

9→动力电池10→电控水阀11旁通路→热交换器12→PTC加热器13→动力电池水泵9。

（3）大循环回路

大循环回路的作用是冷却高压电部件和动力电池，冷却液走向：动力电池水泵9→电控水阀11直通路→驱动电机水泵1→车载充电机2→电机控制器3→驱动电机4→节温器5接通散热器6→DC/DC变换器7→动力电池水泵9。

因此，不带热泵的热管理架构共5种工作模式：①驱动电机回路冷却液流经散热器；②驱动电机回路冷却液绕过散热器；③动力电池回路热交换器制冷；④动力电池回路PTC加热；⑤大循环回路冷却高压电部件和动力电池。

9.12.4 带热泵的热管理架构

带热泵的热管理架构与前者比较有两个改变，如图9-44所示，①热交换器和PTC加热器由串联支路变成并联支路，这样可以进行单独控制；②增加电控水阀V696，用于控制热交换器是否纳入驱动电机回路，电控水阀V696受BMS控制单元J840控制。在前者基础上，带热泵的热管理架构增加了工作模式3，共6种工作模式。

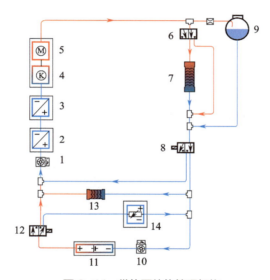

图9-44 带热泵的热管理架构

1—驱动电机水泵V468 2—DC/DC变换器A19 3—车载充电机AX4
4—电机控制器JX1 5—驱动电机VX54 6—节温器 7—散热器
8—电控水阀V696 9—膨胀水壶 10—动力电池水泵V590
11—动力电池AX2 12—电控水阀V683 13—热交换器 14—PTC加热器Z132

工作模式1：驱动电机回路循环，绕过散热器

环境温度（节温器处）低于15℃，电芯温度在8~35℃之间时，高压电部件不需要冷却，动力电池不需要加热或冷却。如图9-45所示，驱动电机水泵未转动，节温器打开旁通管路，冷却液绕过散热器，阀V696打开旁通管路。

工作模式2：驱动电机回路循环，流经散热器

环境温度（节温器处）低于15℃，电芯温度在8~35℃之间时，高压电部件需要冷却，

动力电池不需要加热或冷却。如图 9-46 所示,驱动电机水泵转动,驱动电机回路冷却液循环,节温器打开直通管路,冷却液流经散热器,阀 V696 打开旁通管路。

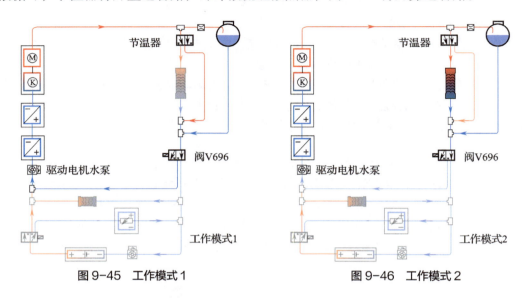

图 9-45　工作模式 1　　　　　　图 9-46　工作模式 2

工作模式 3:驱动电机回路循环,流经散热器,热泵有请求

环境温度(节温器处)高于 15℃,电芯温度在 8~30℃之间时,高压电部件需要冷却,动力电池不需要加热或冷却,BMS 控制单元收到空调控制单元的请求:开启工作模式 3。如图 9-47 所示,驱动电机水泵转动,驱动电机回路冷却液循环,节温器打开直通管路,冷却液流经散热器,阀 V696 打开直通管路,冷却液流经热交换器,促使制冷剂蒸发。

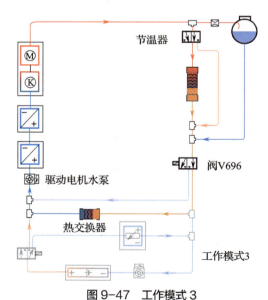

图 9-47　工作模式 3

工作模式 4:动力电池加热,两个回路各自循环

环境温度(节温器处)低于 15℃,电芯温度低于 8℃时,高压电部件不需要冷却,

电池需要加热。

如图 9-48 所示,两个回路各自循环:①驱动电机水泵转动,节温器打开旁通管路,冷却液绕过散热器,阀 V696 打开旁通管路;②动力电池水泵转动,阀 V683 打开旁通路,冷却液流经电池 PTC 加热器 Z132,冷却液被通电的 PTC 加热。

工作模式 5:动力电池冷却,两个回路各自循环

环境温度(节温器处)低于 15℃,电芯温度高于 35℃(行车中)或 30℃(充电中)时,高压电部件需要冷却,动力电池由于快速充电或行车中大电流放电需要冷却。

如图 9-49 所示,两个回路单独循环:①驱动电机水泵转动,节温器打开直通管路,冷却液流经散热器,阀 V696 打开旁通管路;②动力电池水泵转动,阀 V683 打开直通路,冷却液流经热交换器,此时空调开启电池制冷模式。

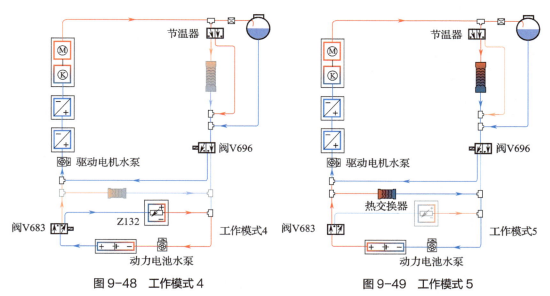

图 9-48 工作模式 4　　　　图 9-49 工作模式 5

工作模式 6:动力电池冷却,大循环

环境温度(节温器处)高于 15℃,电芯温度高于 30℃时,高压电部件需要冷却,动力电池需要冷却。

如图 9-50 所示,驱动电机水泵转动,节温器打开直通管路,冷却液流经散热器;阀 V696 打开直通管路,动力电池水泵转动,冷却液流经电池水套,阀 V683 打开直通路。

上述 6 种工作模式归纳起来见表 9-2。

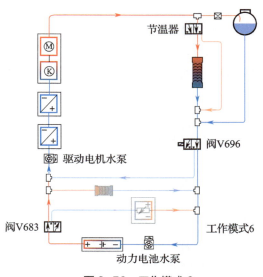

图 9-50 工作模式 6

表 9-2 6 种工作模式

动力电池需求	工作模式	环境温度	电池温度	循环回路	驱动电机水泵	动力电池水泵	散热器	热交换器	电池PTC	热泵请求
无需求	1	<15℃	8~35℃	驱动电机回路	—	—	—	—	—	—
无需求	2	<15℃	8~35℃	驱动电机回路	√	—	√	—	—	—
无需求	3	>15℃	8~30℃	驱动电机回路	√	—	√	√	—	√
加热	4	<15℃	<8℃	各自循环	√	√	—	—	√	—
冷却	5	<15℃	>35℃（行驶中）或 30℃（充电中）	各自循环	√	√	√	√	—	—
冷却	6	>15℃	>30℃	大循环	√	√	√	—	—	—

自 测 题

一、判断题

1．电机控制器内装有电磁兼容与抑制滤波器，所以高压电缆不采用屏蔽层。
（   ）
2．DC/DC 变换器对超级电容器充电，负极开关单元带有预充继电器和预充电阻。
（   ）
3．在极度寒冷地区空调 PTC 元件 ZX17 与热泵同时工作，当升至设定温度热泵退出工作。
（   ）
4．ID.4 动力电池箱内的电芯需保持温度在 8~35℃ 范围内。 （   ）

二、单选题

1．ICAS 的中文含义是车载应用服务，ICAS1 代表（   ）。
　　A．车辆控制域　　　　　　　　　B．智能驾驶域
　　C．智能座舱域　　　　　　　　　D．远程通信域
2．制冷剂 R744 的化学名称是（   ）。
　　A．四氟乙烷　　　　　　　　　　B．四氟丙烯
　　C．二氟二氯甲烷　　　　　　　　D．二氧化碳
3．下面哪种情况下空调控制单元提出请求，热管理系统执行工作模式 3。（   ）
　　A．环境温度低于 15℃，电芯温度在 8~35℃ 之间

B．环境温度高于 15℃，电芯温度在 8~30℃ 之间

C．环境温度低于 15℃，电芯温度低于 8℃

D．环境温度高于 15℃，电芯温度高于 30℃

4．冷却液流经高压电部件的顺序是（　　）。

A．驱动电机→DC/DC 变换器→车载充电机→电机控制器

B．DC/DC 变换器→车载充电机→电机控制器→驱动电机

C．DC/DC 变换器→电机控制器→驱动电机→车载充电机

D．DC/DC 变换器→车载充电机→驱动电机→电机控制器

三、多选题

1．ID.4 的前部连接点将（　　）连接到一起。

A．DC/DC 变换器　　　　　　　　B．电动压缩机

C．车载充电机　　　　　　　　　D．电池 PTC 加热器

E．空调 PTC 元件

2．82kW·h 三元锂电池包的连接方式为 3P96S，下面说法正确的是（　　）。

A．电池包标称电压为 307.2V　　　B．电池包标称电压为 355.2V

C．电池包标称电压为 399.6V　　　D．共有 288 个电芯

E．共有 216 个电芯

3．ID.4 的车载充电机与外部连接的线路有（　　）。

A．充电口盖电子锁　　　　　　　B．充电口 LED

C．交流充电口电子锁　　　　　　D．EV-CAN

E．DC-CAN

4．热管理系统冷却液的循环方式有（　　）。

A．一个回路循环　　　　　　　　B．一个回路循环 + 大循环

C．两个回路各自循环　　　　　　D．两个回路各自循环 + 大循环

E．大循环

第 10 章 三电技术参数

通常以长度、轴距划分纯电动乘用车的级别，我国纯电动乘用车分为微型车、小型车、紧凑型车、中型车、中大型车、大型车（全尺寸车）六个级别；又可分为基本型乘用车、SUV、MPV、跨界车等。我国目前有 400 多家电动汽车制造商，生产在售 100 多种纯电动汽车车型，本章介绍每个级别五个典型车型的三电技术参数。

NEDC：New European Driving Cycle（新欧洲驾驶循环周期），由欧洲制定，是欧洲的续驶测试标准，主要模拟的环境有市区和郊区。NEDC 纯电动续驶里程是指纯电动汽车依据 NETC 标准，按照市区与郊区 4:1 的比例所测得的续驶里程。

CLTC：China Light-duty Vehicle Test Cycle（中国轻型汽车行驶工况），由中国制定，是专门针对国内用车环境开发的乘用车循环测试工况，适用于频繁加减速、走走停停的路况。CLTC 纯电续驶里程是指纯电动汽车依据 GB/T 38146.1—2019《中国汽车行驶工况——第 1 部分：轻型汽车》中规定的 CLTC 标准，所测得的纯电动模式续驶里程。

换电模式：集中型充电站对电池集中存储、集中充电、统一配送，电池配送站提供纯电动汽车电池更换服务。有的集中型充电站兼有电池更换服务，一般整个过程需要 3~5min。我国已经出台了一系列针对换电行业的鼓励和支持政策，对推动我国换电行业发展起到了重要作用。

10.1 微型车

车型	宏光 MINI EV	奔奔 E-Star	零跑 TO3	QQ 冰淇淋	思皓 E10X
款式	22 款 GAMEBOY 300km 玩咖款	22 款 赏心版 多彩款 三元锂	22 款 星钻版	22 款 圣代	22 款 花仙子款 向日葵
级别	微型	微型	微型	微型	微型
厂商	上汽通用五菱·新能源	长安汽车·新能源	零跑汽车	奇瑞·新能源	江汽集团·新能源

（续）

车标					
外观					
上市时间	2022.3.24	2022.3.4	2021.12.28	2021.12.28	2021.11.19
驱动电机布局	后置	前置	前置	后置	前置
驱动电机类型	永磁同步	永磁同步	永磁同步	永磁同步	永磁同步
驱动电机最大功率/kW	30	55	80	20	45
驱动电机最大转矩/N·m	110	170	158	85	150
电池类型	磷酸铁锂	三元锂	磷酸铁锂	磷酸铁锂	磷酸铁锂
电池能量/kW·h	26.5	32.2	41	13.9	31.4
电池预加热	有	有	有	有	有
快充时间/h	无快充	0.8	0.6	无快充	0.7
快充电量/%	—	0~80	30~80	—	30~80
慢充时间/h	8.5	12	3.5	8	11
慢充电量/%	20~100	0~100	30~80	0~100	0~100
百公里耗电量/（kW·h/100km）	—	—	12	9	—
续驶里程/km NEDC	—	310	403	170	306
续驶里程/km CLTC	300	—	—	—	—

10.2 小型车

车型	欧拉好猫	哪吒 V	东风 EV	本田 M-NV	奥迪 Q2L
款式	22 款 莫兰迪版 500km 尊贵型 三元锂	22 款 PRO 行业定制版	22 款 PRO 虎曜版 豪华型	21 款 尚逸版	21 款
级别	小型	小型 SUV	小型 SUV	小型 SUV	小型 SUV
厂商	长城汽车·新能源	合众新能源	东风汽车	东风本田·新能源	一汽-大众奥迪·新能源
车标					
外观					

（续）

上市时间		2022.5.17	2022.3.28	2022.3.18	2020.11.20	2021.12.23
驱动电机布局		前置	前置	前置	前置	前置
驱动电机类型		永磁同步	永磁同步	永磁同步	永磁同步	永磁同步
驱动电机最大功率 /kW		105	55	33	120	100
驱动电机最大转矩 /N·m		210	170	125	280	290
电池类型		三元锂	—	三元锂	三元锂	三元锂
电池能量 /kW·h		59.1	38.54	26.8	61.3	44.1
电池预加热		有	有	有	无	有
快充时间 /h		0.5	0.5	0.5	0.5	0.62
快充电量 /%		30~80	30~80	30~80	30~80	0~80
慢充时间 /h		8	8	4	10	17
慢充电量 /%		0~100	0~100	0~100	0~100	0~100
百公里耗电量 /（kW·h/100km）		—	—	—	—	14
续驶里程 /km	NEDC	501	401	—	480	—
	CLTC	—	—	321	—	325

10.3 紧凑型车

车型	秦 PLUS EV	AION S	帝豪 EV	ID.3	北京 EU5
款式	21 款 EV 600km 旗舰型	22 款 Plus 80 行政版	21 款 EV Pro 畅行版	22 款 Pro 极智版	22 款 网约车 高功率 豪华版
级别	紧凑型	紧凑型	紧凑型	紧凑型	紧凑型
厂商	比亚迪·新能源	广汽埃安	吉利汽车·新能源	上汽大众·新能源	北汽新能源
车标					
外观					
上市时间	2021.4.7	2022.4.14	2021.9.27	2022.3.17	2022.5.13
驱动电机布局	前置	前置	前置	后置	前置
驱动电机类型	永磁同步	永磁同步	永磁同步	永磁同步	永磁同步

（续）

驱动电机最大功率 /kW	135	165	150	125	160
驱动电机最大转矩 /N·m	280	350	240	310	300
电池类型	磷酸铁锂	三元锂	三元锂	三元锂	三元锂
电池能量 /kW·h	71.7	69.9	52.7	57.3	50.8
电池预加热	有	有	有	有	有
快充时间 /h	0.5	0.7	0.5	0.67	0.5
快充电量 /%	30~80	30~80	30~80	0~80	30~80
慢充时间 /h	—	—	9	8.5	8.5
慢充电量 /%	—	—	0~100	0~100	0~100
百公里耗电量 /(kW·h/100km)	13	—	—	13	—
续驶里程 /km NEDC	600	602	421	450	401
续驶里程 /km CLTC	—	—	—	—	—

10.4 中型车

车型	MODEL Y	小鹏 P7	宝马 iX3	威马 E5	创维
款式	22 款 长续驶全轮驱动版	22 款 562E 性能版	22 款 创领型	22 款 Pro	22 款 520 欢乐版
级别	中型 SUV	中型	中型 SUV	中型	中型 SUV
厂商	特斯拉中国	小鹏汽车	华晨宝马·新能源	威马汽车	创维汽车
车标					
外观					
上市时间	2021.12.6	2022.5.9	2021.9.10	2022.4.15	2022.4.2
驱动电机数	2	2	1	1	1
驱动电机布局	前置+后置	前置+后置	后置	前置	前置
驱动电机类型	前交流异步/后永磁同步	永磁同步	励磁同步	永磁同步	永磁同步
驱动电机总功率 /kW	331	316	210	120	150
驱动电机总转矩 /N·m	559	655	400	240	320

（续）

前驱动电机最大功率/kW	137	120	—	120	150
前驱动电机最大转矩/N·m	219	265	—	240	320
后驱动电机最大功率/kW	194	196	210	—	—
后驱动电机最大转矩/N·m	340	390	400	—	—
电池类型	三元锂	三元锂	三元锂	三元锂	三元锂
电池能量/kW·h	78.4	80.9	80	58.59	71.98
电池预加热	有	有	无	有	有
快充时间/h	1	0.6	0.75	0.65	0.5
快充电量/%	—	30~80	0~80	30~80	30~80
慢充时间/h	10	6.5	7.5	9.5	11
慢充电量/%	0~100	0~100	0~100	0~100	0~100
百公里耗电量/(kW·h/100km)	—	—	17	—	16
续驶里程/km NEDC	—	—	490	505	—
续驶里程/km CLTC	660	562	—	—	520

10.5 中大型车、全尺寸车

车型	汉 EV	蔚来 ES8	极氪 ZEEKR 001	极狐阿尔法	红旗 HS9
款式	22款 EV 610km 四驱 创世版 尊享版	20款 580km 签名款 7座	21款 超长续驶双电机 YOU 版	22款 华为 HI 版 高阶版	22款 690km 旗悦版 七座
级别	中大型	中大型 SUV	中大型	中大型	全尺寸 SUV
厂商	比亚迪·新能源	蔚来汽车	极氪汽车	北汽新能源	一汽
车标					
外观					
上市时间	2022.4.10	2019.12.28	2021.4.15	2022.5.7	2021.11.19
驱动电机数	2	2	2	2	2

（续）

驱动电机布局	前置+后置	前置+后置	前置+后置	前置+后置	前置+后置
驱动电机类型	永磁同步	前永磁同步/后交流异步	永磁同步	前交流异步/后永磁同步	永磁同步
驱动电机总功率/kW	380	400	400	473	320
驱动电机总转矩/N·m	700	725	768	655	600
前驱动电机最大功率/kW	180	160	200	221	160
前驱动电机最大转矩/N·m	350	—	384	285	300
后驱动电机最大功率/kW	200	240	200	252	160
后驱动电机最大转矩/N·m	350	—	384	370	300
电池类型	磷酸铁锂	三元锂	三元锂	三元锂	三元锂
电池能量/kW·h	85.4	100	100	74.5	120
电池预加热	有	有	有	有	有
换电模式	无	有	无	无	无
快充时间/h	0.5	0.8	0.3	0.25	0.8
快充电量/%	30~80	30~80	30~80	30~80	30~80
慢充时间/h	—	14	—	7	—
慢充电量/%	—	0~100	—	0~100	—
百公里耗电量/（kW·h/100km）	—	17	—	17	18
续驶里程/km NEDC	—	580	606	500	690
续驶里程/km CLTC	610	—	—	—	—

自测题

一、判断题

1．宏光 MINI EV 目前还不支持直流充电。　　　　　　　　　　　　（　　）
2．本田 M-NV 可以对动力电池预加热。　　　　　　　　　　　　　（　　）
3．蔚来 ES8 纯电动汽车不具有换电模式。　　　　　　　　　　　　（　　）
4．续驶里程 690km 的红旗 HS9 电池能量是 120kW·h。　　　　　　（　　）

二、单选题

1. 比亚迪·秦 PLUS EV 属于下列哪一种？（　　）

   A．微型车　　　　B．小型车　　　　C．紧凑型车　　　　D．中型车

2. 特斯拉 MODEL Y 属于下列哪一种？（　　）

   A．基本型乘用车　　B．SUV　　　　C．MPV　　　　D．跨界车

三、多选题

1. NEDC 是指（　　）。

   A．新欧洲驾驶循环周期

   B．由欧洲制定

   C．由美国制定

   D．模拟环境有市区和郊区

   E．按照市区与郊区 4:1 的比例测得的续驶里程

2. 具备换电模式的集中型充电站对电池（　　）。

   A．集中存储　　　　　　　　　　B．集中充电

   C．统一配送　　　　　　　　　　D．更换服务

   E．快速修理

自测题答案

第 1 章

一、判断题
1.√ 2.√ 3.× 4.×

二、单选题
1.A 2.C 3.C 4.B

三、多选题
1.ACDE 2.BCDE 3.ABCDE 4.ABCD

第 2 章

一、判断题
1.√ 2.× 3.× 4.√

二、单选题
1.B 2.D 3.C 4.A

三、多选题
1.ABDE 2.BD 3.BCDE 4.ABD

第 3 章

一、判断题
1.√ 2.√ 3.√ 4.×

二、单选题
1.C 2.A 3.D 4.B

三、多选题
1.ACE 2.ADE 3.ABCDE 4.BCD

第 4 章

一、判断题
1.× 2.× 3.√ 4.√
5.√ 6.× 7.× 8.√

二、单选题
1.C 2.B 3.C 4.A

三、多选题
1.ABCDE 2.ABCDE 3.ADE 4.ABCD

第 5 章

一、判断题
1.× 2.√ 3.√ 4.×

二、单选题
1.B 2.C 3.C 4.A

三、多选题
1.ABE 2.ABCDE 3.ABCE
4.ABCDE

第 6 章

一、判断题
1.× 2.√ 3.× 4.√

二、单选题
1.D 2.B 3.C 4.D

三、多选题
1.ABCDE 2.ACD 3.ABCDE 4.ACDE

第 7 章

一、判断题
1.√ 2.√ 3.×

二、单选题
1.D 2.B 3.C

三、多选题
1.ABCDE 2.ABCDE 3.ABCDE

第 8 章

一、判断题
1.× 2.√ 3.√

二、单选题
1.B 2.C 3.D

三、多选题
1.ABDE 2.ACDE 3.BCDE

第 9 章

一、判断题
1.√ 2.× 3.× 4.√

二、单选题
1.A 2.D 3.B 4.B

三、多选题
1.ABDE 2.BD 3.ABCDE 4.ACE

第 10 章

一、判断题
1.√ 2.× 3.× 4.√

二、单选题
1.C 2.B

三、多选题
1.ABDE 2.ABCD

参考文献

[1] 李玉茂. 手把手教您学汽车构造与保养. 2版 [M]. 北京：机械工业出版社，2021.
[2] 敖东光，宫英伟，陈荣梅. 电动汽车结构原理与检修 [M]. 北京：机械工业出版社，2017.
[3] 曹砚奎. 图解电动汽车结构、原理、维修 [M]. 北京：机械工业出版社，2020.
[4] 蔡晓兵，樊永强. 新能源汽车维护与保养 [M]. 北京：机械工业出版社，2020.
[5] 王新旗. 新能源汽车概论 [M]. 北京：人民交通出版社股份有限公司，2018.
[6] 赵立军，佟钦智. 电动汽车结构与原理 [M]. 北京：北京大学出版社，2017.
[7] 王鸿波，谢敬武. 新能源汽车构造与检修 [M]. 北京：机械工业出版社，2018.